자폐 스펙트럼 어른 12명의 조언
자폐 스펙트럼 아이에게 정말로 필요한 것

일러두기

1. 법률, 사례 등은 미국 기준이며, 전문 용어는 최대한 우리나라에서 사용하는 용어로 바꾸었습니다.
2. 우리나라 상황을 고려하여 내용의 일부를 바꾸었으며, 옮긴이의 주석은 *로 표시했습니다.
3. 참고 문헌은 순서대로 번호를 부여하여 첨자 표기했습니다.
4. 인용된 도서명은 국내에 번역서가 있을 경우 해당 제목을 따랐고, 없을 경우 제목을 우리말로 옮기거나 독음대로 표기했습니다. 원서 및 번역서의 서지 정보는 참고 문헌에 실었습니다.
5. 괄호 안에 표기된 페이지 및 문단 번호는 저자의 원문 표기에 따른 것입니다.
6. 저자의 원문을 따랐으나, 잘못된 부분이 있을 경우 추후 수정하겠습니다.

자폐 스펙트럼 어른 12명의 조언
자폐 스펙트럼 아이에게 정말로 필요한 것

글 제나 겐식
옮김 변관석

나무말미

머리말

더 많이 이해하고
더 많은 도움을 주기 위해

　저는 사람들이 서로 이야기를 나누는 이유가 다른 사람의 삶을 이해하고 서로 돕기 위해서라고 믿습니다. 제 첫째 아들은 2008년에 예정일보다 3개월 빨리 세상에 태어났지만 6개월을 병원 신생아 집중 치료실에서 지내야 했습니다. 저는 예상치 못했던 그 상황을 받아들이기 위해서 저와 같은 경험을 한 다른 부모들이 쓴 에세이를 찾아 읽고, 제 이야기를 글로 쓰기 시작했습니다.
　저는 '계획형 인간'입니다. 남편과 저는 함께 임신 계획을 짰고, 늦은 5월에 출산하기 위해 모든 것을 맞추기로 했습니다. 둘 다 교사였던 우리 부부는 여름방학에 부모 공부를 시작했습니다. 저는 임산부에게 도움이 된다고 알려진 식이 요법이나 운동을 그대로 따라 했습니다. 몸을 가능한 한 최상의 상태로 만들어 건강한 아이를 낳고 싶었기 때문입니다. 그런데 아들이 예정일보다 일찍 태어났습니다. 삶의 모든 부분에서 감당하기 어려운 많은 합병증을 안은 채로 말입니다.
　아들은 자라면서 뇌성마비와 자폐 스펙트럼 장애 진단을 받았습니다.

기댈 곳이 필요했던 저는 차츰 장애 아이가 있는 다른 가족들과 관계를 맺는 데 관심을 가졌습니다. 그리고 아이의 상태를 더 잘 이해하고 도울 방법을 알기 위해서 의료 전문가와 교육 전문가를 찾아갔고, 그들이 조언해 준 대로 했습니다.

몇 년이 지난 후, 저는 전문가로부터 얻는 의료적, 심리적, 행동적인 조언에만 기대는 데 한계를 느꼈습니다. 그래서 자폐 스펙트럼 아이를 키운 부모들이 자신들의 경험을 쓴 회고록과 책을 읽기 시작했습니다. 이 책들은 유용했습니다. 저뿐만이 아니라 자폐 스펙트럼 아이를 둔 많은 부모들이 알고 싶은 이야기, 즉 자폐로 인한 삶의 어려움을 극복하고 성취를 한 자폐인의 경험담이 많이 담겨 있어 도움이 되었습니다.

시간이 지날수록 저는 아들의 앞날에 대해서 더 많은 걸 배우고 싶었습니다. 그래서 자폐인으로서 자신과 같은 자폐인을 옹호하는 자기 옹호자의 활동을 살피고 따라가기 시작했습니다. 특히 저는 자폐 스펙트럼 아이가 부모에 이끌려 여러 가지 치료를 받으며 느끼는 감정과 생각에 흥미를 느꼈습니다. 자폐 스펙트럼 장애와 관련해서 부모, 의사, 과학자, 연구자들이 이끄는 여러 단체가 있습니다. 이 단체들은 의료적 치료(treatment), 치료 요법(therapy), 약물, 식이 요법에 관한 다양한 정부들 중에서 사실을 구분해서 알리는 일을 합니다. 저는 이에 대해서 당사자인 자폐인들이 어떻게 느낄지 궁금했습니다. 그래서 자폐인들을 꾸준히 인터뷰했고, 그 결과 부모, 친구, 교사가 이들에게 도움을 준다는 목적으로, 의도적이었든 그렇지 않았든 마음에 상처를 준 부분이 있다는 걸 알게 됐습니다. 이것이 제가 이 책을 집필하게 된 동기입니다.

인터뷰를 시작할 때, 사실 저는 단순히 의료적 치료와 치료 요법의 효과에 대해서 뭔가 배울 수 있기를 바랐습니다. 그러나 저는 인터뷰 참여자들로부터 그 이상의 것을 배웠습니다. 한 가족이 자폐인의 신경학적 특성을 더 잘 이해하고, 언어와 행동의 발달을 지원하며, 가족 구성원에게 사랑과 존중을 표현하는 방법 등입니다. 저는 인터뷰를 통해서 자폐를 이야기하는 방식, 그리고 아들을 위한 치료와 지원 방법을 선택하고 실행하는 데 새로운 관점을 세우고 변화할 수 있었습니다.

이 책은 제가 인터뷰하면서 배웠던 것들의 일부를 담은 결과물입니다. 저는 이 책을 통해 그 배움들을 다른 부모님들과 나눌 수 있기를 간절히 바랍니다.

수용, "그 애는 여전히 당신의 아이"

저는 자폐 스펙트럼 장애를 이야기할 때와 아들에 대해 이야기할 때 사용하는 용어에 대해 좀 더 생각해 볼 필요가 있다고 느꼈습니다. 그래서 아들을 향한 저의 조건 없는 사랑과 아들의 인간적 가치에 대한 믿음을 갖고 용어를 좀 더 신중하게 사용하는 것에 목표를 두었습니다. 저는 아이가 아주 어릴 때부터 부모가 바람직한 용어를 사용하는 것이 중요하다고 생각합니다. 여러분의 아이는 자기만의 생각이 있습니다. 그리고 아이의 자아는 자기 자신과 자신의 자폐 스펙트럼 장애에 대해 부모가 사용하는 용어에 따라 일부 달라질 수 있습니다. 이 책은 여러분의 아이가 잘 성장해서 독립적인 자기 옹호자가 되는 데 유용한 정보를 제시합니다.

저는 사실 아들이 자폐 스펙트럼 장애 진단을 받았을 때 큰 충격을 받지 않았습니다. 하지만 최근 아들이 뇌성마비 진단을 받았을 때는 새로운 신경학적 질환에 대해 공부하고 지원해야 한다는 사실에 크게 당황했습니다. 당시 아들의 언어치료사는 우리가 앞서 이야기한 관점에서 아이의 진단을 바라보도록 도와주었습니다. 그녀는 제게 이렇게 말했습니다.

"그 애는 여전히 당신의 아들이에요. 장애 진단이 그 사실을 바꾸지는 못합니다. 여전히 같은 아이인걸요."

그녀가 맞았습니다. 아주 기본적인 조언이지만, 이 책에서 제시할 조언들을 따르고 배움을 얻기 위해서는 항상 염두에 두어야 할 중요한 원칙입니다. 제 아들은 네 살이 되었을 때 주변에 관심을 갖지 않았습니다. 이때 심리학자가 아들의 신경학적 상태를 잘 설명해 주어 우리가 평생 동안 아들을 도울 수 있게 해 주었습니다.

여전히 저는 자폐를 아들의 발달 과정에 있는 한 단계로 받아들여 수용하는 법을 배우고 있습니다. 저는 솔직히 중증 자폐 스펙트럼 아이를 돌본 경험이 없습니다. 그러나 자폐의 본질은 경증이나 중증이나 다르지 않습니다. 저는 자폐의 그 본질이 아들의 삶 여러 지점에 다음과 같은 유익한 영향을 미쳤다고 생각합니다.

- 아들은 비교적 이른 나이에 읽기와 쓰기를 익혔습니다. 그 덕분에 학급의 다른 아이들보다 읽기와 쓰기를 잘할 수 있었고, 자신감을 갖는 원동력이 됐습니다.
- 아들은 다른 아이들보다 쓰기와 그리기에 깊은 관심을 가졌습니다. 그래서 허구나 실화를 바탕으로 그림보다 글이 많은 챕터북을 만드는 데 흥미를 갖게 했습니다. 그 결과 여러 편의 챕터북을 완성했고, 뇌성마비로 인한 소근육 문제를 크게 향상시킬 수 있었습니다. 아들은 다른 또래들보다 훨씬 많은 글을 썼습니다.
- 읽기와 쓰기 그리고 그리기는 학업에 대한 흥미로 연결되었고, 아들은 학급 친구들에게 영리하고 (우리는 '열심히 하는 사람'이라는 말을 더 선호하지만) 능력 있는 아이로 보여졌습니다. 아들은 대근육 발달이 늦어서 또래들이 하는 빠른 신체적 놀이를 하는 게 매우 어려웠습니

다. 하지만 여러 과목을 지속적으로 학습한 덕에 지적으로 말을 하고, 매일 또래들과 의미 있는 무언가를 나눌 수 있었습니다.

저는 자폐인이 외톨이가 되지 않고 자신의 능력을 발휘하며 사는 것이 매우 중요하다고 믿습니다. 세상에서 가장 뛰어나고 유명한 자폐인이자 동물학자인 템플 그랜딘(Temple Grandin)과 과학 저술가 리처드 파넥(Richard Panek)은 2014년에 공저한 책 《나의 뇌는 특별하다》[1]에서 "자폐 스펙트럼 아이가 주류 사회에서 잘 살아가기를 진정으로 원한다면, 아이의 결점을 보완하는 걸 넘어서는 일을 해야 한다. 부모는 아이의 강점을 이끄는 방법을 알아야 한다."(p.181)고 말합니다. 우리는 신경전형인(neurotypical)*을 지원하는 것처럼, 자폐인을 지원해야 합니다. 강점과 약점을 파악하고 강점을 꾸준히 발전시켜 주어야 합니다. 우리는 몇 가지 자폐 성향, 예를 들면, 경이로운 기억 능력 또는 깊이 관심 있는 특정 주제에 대해서 길게 말하는 것 등에 대해서 충분한 가치 평가를 해야 합니다. 또 자폐인이 자신의 강점을 언제, 어디서, 어떻게 사용해야 하는지를 가르치고, 이들의 강점이 단지 기발하거나 기묘한 것으로만 치부되지 않도록 도와야 합니다.

옹호, 자폐인만이 아닌 우리 모두를 위한 것

저는 신경다양성(neurodiversity) 개념을 강력하게 지지합니다. 스티브 실버만(Steve Silberman)은 《뉴로트라이브》[2]에서 신경다양성 개념으로 보면 자폐

---

*신경다양성의 관점에서 비장애인을 의미하는 말입니다. 이 책에서는 주로 비자폐인을 부르는 말로 한정해서 쓰였습니다.

는 자연의 문제이거나 선택적 낙태로 없애야 하는 잘못된 퍼즐이 아니라고 설명합니다. 그러면서 "적절한 형태의 지원이 없으면 심각한 장애가 될 수 있는 자폐의 몇 가지 측면을 사회에서 개선해야 하는 건 맞지만, 동시에 자폐를 인간 사회의 유전적 진화의 한 산물로 여기는 인식도 필요하다."(p.464~465)고 제언합니다.

신경다양성 개념은 사회에서 동등하게 누려야 할 권리와 치료에 대한 희망에 뿌리를 두고 있습니다. 대부분의 신경다양성 옹호자들은 자폐의 원인과 일부 신경 손상에 따른 증상을 줄이는 방법에 대한 연구를 지지합니다. 자폐인을 포함해서 세상에 한마디로 정의할 수 있는 사람은 없습니다. 앞으로도 계속 연구 성과를 누적해 나가고, 자폐인 스스로가 멈추지 않고 사회적 관계에 참여하는 것이 매우 중요합니다.

리디아 브라운(01 인터뷰이)은 친구이자 동료인 장애인 인권 운동가 키테이 데이비드슨(Ki'tay Davidson)에게 영감을 받아 자신의 블로그에 '옹호'에 대한 글을 썼습니다. 2014년 갑작스럽게 죽음을 맞이한 키테이 데이비드슨은 차별을 반대하는 장애인의 대변인이었고, 옹호자의 의무에 대해서 목소리를 냈습니다. 그는 리디아 브라운과 함께 2013년 '미국 장애인법 제정 기념일'에 장애인 인권을 위해 살아온 '변화의 챔피언(Champions of Change)'으로 선정되기도 했습니다. 리디아 브라운의 글에 따르면, 키테이 데이비드슨은 한 토론회에서 이렇게 말했습니다.

"옹호는 단지 영향력이 있는 개인이나 잘 조직된 저명한 단체만의 과제가 아닙니다. 옹호는 우리 모두를 위한 것입니다. 또 옹호는 삶의 방법입니다. 옹호는 세상의 정의롭지 못한 일과 불평등한 일에 대한 자연스러운 반응입니다. 우리 각자가 불평등에 대해 책임을 느끼지 못하면 현실은 개선되지 않습니다."[3]

자폐 스펙트럼 아이의 부모는 자폐인의 권리에 관한 논의 자리에서, 당사자는 아니지만 강력하고 의미 있는 목소리를 내야 합니다. 자폐 옹호자들은 자폐인이 학업, 사회, 정서, 직업 등 다양한 분야에서 적절한 지원을 받을 수 있게 도울 수 있습니다. 하지만 그에 앞서 자폐인에게는 자신이 인간으로서 누구인지 확인해 주고, 자신의 본질적 가치를 널리 알려 줄 수 있는 옹호자가 절대적으로 필요합니다. 저는 이 책을 통해 '자폐인들은 사회 구성원으로서 존재 가치가 있으며, 자폐에 대한 대중적 대화를 이끌어야 한다.'는 메시지가 전달되기를 바랍니다.

  이 책은 제가 인터뷰를 한 자폐인들의 경험을 담고 있으며, 이 경험들은 권위가 있습니다. 사람은 다른 사람의 경험담을 듣는 데서 많은 것을 얻을 수 있습니다. 저는 인터뷰 참여자들에게서 많은 것을 배웠습니다. 그것들은 의학 저널을 읽거나, 의사나 교육자들과 상담하거나, 자폐 스펙트럼 아이를 둔 다른 부모님과 이야기하면서 얻는 것과 또 달랐습니다.

  이 책은 신경전형인 중심의 세상에서 목소리를 충분히 내지 못하고 있는 자폐인들을 지지하기 위해 저 나름대로 노력한 결과물입니다. 저는 이 책이 자폐 스펙트럼 장애를 이해하고, 여러분의 아이를 돕는 데 도움을 줄 수 있기를 진심으로 바랍니다. 이건 사실 저 자신을 위한 것이기도 합니다.

이 책은……

아닙니다!

- 자폐인들이 모두 겪을 만한 대표적인 경험을 담은 책이 아닙니다. 오히려 자폐 스펙트럼 장애를 가진 인간으로서 인터뷰 참여자들이 개별적으로 겪은 경험에 관한 이야기입니다.
- 사례 연구 모음집이 아닙니다. 저는 자폐인 인터뷰 참여자가 준 조언

과 관련이 있고 조언을 뒷받침할 필요가 있을 때, 몇 가지 사례 연구를 인용했습니다.
- ◼ 자폐 스펙트럼 장애의 원인과 이를 예방하는 방법을 추론하는 책이 아닙니다.
- ◼ 의학 전문가의 의학적 조언이 아닙니다. 다시 말하지만, 인터뷰 참여자가 제안한 추천 사항을 보강하는 과정에서 필요한 경우에만 이를 지지하는 연구 결과를 인용했습니다.

맞습니다!

- ◼ 자폐인의 목소리를 존중합니다.
- ◼ 경험 이야기이면서 견해이며, 유용한 조언을 담고 있습니다.
- ◼ 구어 표현이 가능한 자폐 스펙트럼 어른의 개인적인 경험에 바탕을 두고 있습니다.
- ◼ 자폐 스펙트럼 아동, 청소년, 청년의 부모와 보호자를 위해서 집필했습니다.
- ◼ 자폐 스펙트럼 장애의 증상을 이해하고, 자폐인의 삶을 개선하기 위한 적절한 지원을 제공하는 방법에 초점을 맞추고 있습니다.
- ◼ 이해하기 쉽게 쓰려고 노력했으며, 자폐 옹호에 관심이 있는 부모님이 즉시 적용할 수 있는 내용을 주로 담고 있습니다.

차례

머리말
더 많이 이해하고 더 많은 도움을 주기 위해 ································ 4

인터뷰에 들어가며
"자폐 스펙트럼 아이와 부모를 위해 우리 이야기를 들려주고 싶습니다" ················ 16

01 리디아 브라운 인터뷰: 자폐인의 정체성과 자기 옹호

우리를 '고치고' 싶은가요? ·· 18

자폐는 내 정체성의 근본 ▪ 아스퍼거는 진화의 다음 단계고 심각한 자폐는 진화 중 고장 난 거라고요? ▪ 우리를 '고치려는' 시도를 멈추세요 ▪ 자기 옹호를 가르치세요 ▪ 생각해 보기

02 알리사 힐러리 인터뷰: 사회적 통합과 자폐 숨기기

숨겨지지도 않고, 숨길수록 멀어지는 것 ·· 28

그들만의 농담 ▪ 누구나 상동행동을 한다 ▪ 자폐 숨기기로 통합이 된다면 ▪ 생각해 보기

03 벤 카트제 인터뷰: 학교생활에서의 괴롭힘과 학업 문제

학교에서 안전하게 생활하고 공부하는 법 ·· 38

가면을 썼던 학교생활 ▪ 내 편이 되어 주는 누군가가 있는 교실이라면 ▪ 학교와 적극적으로 소통해 주세요 ▪ 친밀감을 주는 선생님이 있다는 차이 ▪ 아이의 학교생활을 돕는 가정 환경 ▪ 생각해 보기

04 팀 페이지 인터뷰: 사회성 기술 매뉴얼과 실행 기능 문제 해결

불안을 낮추면 고독한 괴짜라도 괜찮아요 ································· 50

오페라로 발야구에서 살아남기 ▪ 모든 사람이 사회라는 무대 위 배우, 우리에게는 대본 같은 매뉴얼이 필요하다 ▪ '그렇게 할 수 없는' 실행 기능 ▪ 불안을 낮춰 준 명상 ▪ 생각해 보기

05 조디 반 드 웨터링 인터뷰: 운동 계획, 감각 처리 기능과 인지행동치료

아이에게 도움이 되는 치료를 찾는 방법 ································· 64

나를 완전히 무너뜨린 트램펄린 ▪ 그래도 운동은 어릴 때부터 ▪ 사회성 기술보다 근원적인 감각 처리 문제 ▪ 인지행동치료가 효과를 거두려면 ▪ 생각해 보기

06 캐시 그레이 인터뷰: 자폐 행동 '교정'과 치료의 윤리적 과제

할 수 없는 것이 아니라 할 수 있는 것을 늘려 주세요 ················· 74

디즈니랜드 모노레일로부터 배운 것 ▪ 열정과 특별한 관심사, 집착으로 보기 vs 링크를 걸기 ▪ 왜 눈 맞춤을 고집하나요? ▪ 로봇처럼 하는 행동 말고 자연스럽게 하는 행동을 배우려면 ▪ 말할 수 없어도, 말할 수 있어도 부모에게 바라는 것 ▪ 생각해 보기

07 리디아 웨이먼 인터뷰: 관계 구축과 수용

우정의 열쇠를 찾아서 ································· 88

건강했던 관계가 틀어진 이유 ▪ 우리는 모두 자신이 누군지 알기 위해 다른 사람과 친구가 되려고 해요 ▪ 부모도 자폐 스펙트럼 친구가 필요해요 ▪ 우정의 열쇠는 '수용' ▪ 생각해 보기

08 에이미 그라비노 인터뷰: 자폐 스펙트럼 청소년의 우정과 성

사춘기, 조금 느릴 뿐 결국 성장해요 ··· 100

놀림당하는 것보다 더 괴로웠던 것 ▪ 아무도 빼앗을 수 없는 자아 감각 ▪ 이해해 주는 사람을 찾으면 ▪ 청소년기에 확립한 내가 사랑스러운 존재라는 믿음 ▪ 자폐 스펙트럼 청소년도 사춘기에 성적 호기심을 느껴요 ▪ 청소년기에 겪을 새로운 도전 과제들 ▪ 생각해 보기

09 브라이언 킹 인터뷰: 의사소통 고장의 원인과 양육의 목표

우리, 눈 맞춤 없이도 연결될 수 있어요 ··· 114

헤드라이트를 본 사슴처럼 굳어 있었던 아이 ▪ 태도의 문제로 단순화된 자폐 행동 ▪ 의사소통 고장의 책임? ▪ 부모의 목표가 아니라 아이 삶을 위해서 ▪ 생각해 보기

10 쇼나 힌클 인터뷰: 자폐인의 공감 능력과 교육 권리 옹호

오해와 편견은 깨고, 교육의 권리는 옹호하고 ··· 128

친구들과 어울리기 위해 ▪ 내가 다른 사람의 감정에 다르게 반응하는 이유 ▪ 부모가 해 줄 수 있는 교육적 옹호 ▪ 자폐 스펙트럼 아이를 둔 부모가 학교 측에 바라는 것 ▪ 생각해 보기

11 개빈 볼라드 인터뷰: 자폐인의 직업 찾기와 직장 생활

집안일을 할 수 있다면 직업을 가질 수 있어요 ··· 140

직장 생활, 일에 몰두하다 보니······ ▪ 집에서 시작하는 직업 생활 준비, 그리고 이상적인 직무 환경과 멘토 찾기 ▪ 직업인으로 빛을 발하는 특별한 관심과 기술 ▪ 생각해 보기

12 안젤라 앤드루스 인터뷰: 다른 성장의 길과 한계 뛰어넘기

한계를 뛰어넘을 아이를 위해 ·· 150
다른 성장의 길을 걷는 아이들 ▪ 아이를 과잉보호하지 마세요 ▪ 꿈꿀수록 달라지는 미래 ▪ 생각해 보기

인터뷰를 마치며

어른이 된 자폐 스펙트럼 아이 열두 명의 이야기에서 발견한 삶의 주제들 ··············· 162

자폐 스펙트럼 어른 열두 명이 전하는 조언

1 자폐인으로 꿋꿋하게 세상을 살아가는 우리가 말해 주고 싶은 33가지 조언 ············ 172
2 독립적인 인간으로 살아가기 위해 반드시 배워야 할 기술, 자기 옹호 ··············· 177

옮긴이의 말

'다양성'의 가치, 장애를 불가능이 아닌 가능으로 보게 하는 힘이 됩니다 ··············· 186

주요 용어와 개념 ·· 188
참고 문헌 ·· 190

인터뷰에 들어가며

"자폐 스펙트럼 아이와 부모를 위해 우리 이야기를 들려주고 싶습니다"

이 책의 각 장은 다양한 배경, 직업, 나름의 성공 경험을 가진 자폐 스펙트럼 어른 열두 명의 이야기를 담고 있습니다. 저는 인터뷰를 할 자폐인들을 찾기 위해서 출판된 책, 블로그, 대중 연설, 자폐인 커뮤니티에서 활동하는 사람들을 온라인으로 검색했습니다. 그리고 이 중에서 두 명은 제가 작업 중인 프로젝트에 대한 소식을 듣고, 먼저 연락을 주었습니다.

인터뷰 참여자를 선정할 때 저는 구어 표현이 가능하고, 자폐 스펙트럼 장애에 대한 자기 옹호에 관심이 있으면서, 학력과 직업의 다양성을 보여 줄 수 있는 사람을 우선 고려했습니다. 저는 이들과 3년 동안 스카이프와 이메일을 통해 인터뷰를 진행했습니다. 인터뷰 참여자들은 모두 자폐인과 자폐인의 가족을 돕기 위해서 자신의 이야기를 들려주는 데 관심이 있습니다. 또 인터뷰 참여자 중 몇 명은 자폐 스펙트럼 장애에 대한 인식과 수용에 대해서 공개 강연을 하기도 합니다.

인터뷰 참여자는 모두 자폐인이고, 이들 중 절반 정도는 자폐 스펙트럼 장애를 가진 아이를 키우고 있습니다. 이들 중 일부는 자폐에 대해서 다른 견해를 가지고 있지만, 모두 자폐 스펙트럼 아이의 부모와 자폐 스펙트럼 청년을 위해서 가치 있는 조언을 하고자 했습니다. 이 책의 각 장은 인터뷰 참여자가 자폐인으로 자라면서 직면했던 장애물과 개인적인 고난에 관한 이야기를 통해 실제 삶의 사례를 보여 줍니다. 그리고 질문을 통해 생각해 보기, 부모님을 위한 팁, 활용할 수 있는 자료에 대한 정보를 추가했습니다.

이 책에서는 자폐 스펙트럼에 있는 사람에 대해서 정체성 우선 언어를 사용하여 기술했습니다. 그 이유는 인터뷰에 참여한 자폐인들이 주로 이 언어 사용을 선호했기 때문입니다. 만약 인터뷰 참여자가 다른 언어를 선택했다면, 저는 그 선호 역시 존중하려고 노력했습니다.

각 장의 인터뷰 참여자는 자폐 스펙트럼 장애를 가지고 성장해 온 경험을 주로 이야기합니다. 인터뷰 참여자들의 자폐 스펙트럼 장애를 세부적으로 구분하면, 대다수가 고기능(high-functioning) 자폐인*이라고 말할 수 있습니다. 그러나 이 용어는 대상을 제한하며, 오해의 소지가 있습니다. 그래서 저는 이 용어의 사용을 반대합니다. 게다가 인터뷰 참여자 대부분은 자폐 증상을 범주화하려는 시도에 대해 반대합니다. 저는 제 아들이 가진 의사소통 기술과 비슷한 수준의 자폐 스펙트럼 어른에 대해 더 많이 배우기 위해서 의사소통이 어려운 자폐인은 인터뷰 참여자로 택하지 않았습니다. 하지만 이런 제한된 초점에도 불구하고, 이 책에 담긴 많은 조언은 자폐 스펙트럼의 어느 범주에 있든 상관없이 모두에게 적용할 수 있습니다.

---

* 지적장애를 동반하지 않고 상대적으로 인지 기능이 높은 자폐인을 말합니다.

리디아 브라운(Lydia Brown)

1993년생으로, 동아시아계이며 성 소수자입니다. 자폐인 권리 운동가, 작가, 대중 연설가로 활동하고 있습니다. 특히 장애인에 대한 시설화, 감금, 감시 등의 체계와 폭력에 초점을 둔 권리 운동을 펼치며 장애인 정책을 연구하고 있습니다. 리디아는 21세기의 많은 도전에 맞서기 위해 노력하는 미국인을 소개하는 백악관 프로그램인 '변화의 챔피언'의 2013년 수상자였으며, 워싱턴평화센터(Washington Peace Center)가 선정한 '2014년 미래 청소년 활동가', 사회정의재단(The Social Justice Foundation)에서 발행하는 《퍼시픽 스탠더드(Pacific Standard)》가 선정한 '2015년 사회 및 행동 과학 분야 30세 이하 최고 사상가'에 이름을 올렸습니다.

01

리디아 브라운 인터뷰

자폐인의 정체성과 자기 옹호

우리를 '고치고' 싶은가요?

"자폐인은 결함이 있는 신경 유형이 아니에요.
우리는 완벽하게 행복하고,
완벽하게 역할하는
'자폐인'이에요."

자폐는 내 정체성의 근본

　리디아 브라운은 자기 옹호자이자 장애인 권리 운동가입니다. 리디아는 교육 리더십 연구소(Institute for Educational Leadership)의 장애 정책 특별 연구원 자격으로 '장애 청소년의 성인 전환기' 콘퍼런스에 참석했습니다. 리디아는 콘퍼런스 중 자폐 스펙트럼 아동의 청소년 전환기에 대한 연구 발표에 관심을 가졌습니다. 발표가 끝나고 리디아가 말했습니다.

　"음, 저는 자폐인(autistic person)입니다." 하지만 이내 리디아의 말은 누군가에 의해 끊기고 말았습니다. "그 말은 '자폐를 가진 사람(person who has autism)'이라는 뜻이죠?" 참석자 중 한 명이 리디아의 말을 정정한 것입니다. 아마도 그는 리디아를 그저 도와주겠다는 좋은 의도로 말했을 것입니다. 하지만 리디아는 그의 무의식적인 '지원'을 그냥 멍하니 받지 않았습니다. 리디아는 충분한 교육을 받았고, 분명한 자기 인식이 있으며, 열정적인 자폐인 권리 운동가였습니다.

　"사실, 저는 의도적으로 저 자신을 '자폐인'이라고 했습니다. 저는 '사람 우선 언어(person-first language)'에 대해 세 편의 에세이를 썼습니다."

　리디아의 말에 발표자가 지지를 표명했습니다. 특수교사였던 발표자는 일부 장애인 커뮤니티에서는 '사람 우선 언어'가 장애와 정체성을 분리하려는 시도이기 때문에 사용을 반대한다고 설명했습니다. 장애가 그 사람의 정체성과 별개라고 가정하는 것은 장애를 '없애야 하는 것', '떨쳐 버리거나 분리되어야 할 것'이라고 암시하기 때문에 부정적으로 생각한다고 말입니다. 또한 사람 우선 언어의 사용을 보편적으로 추진하려는 정책에 대해서 일부 장애인 커뮤니티는 동의하지 않는다고 덧붙였습니다. 이날 리디아는 사람 우선 언어에 대해 반대하는 신경전형인 특수교사를 만난 것에 감사했습니다.

리디아는 콘퍼런스에서와 같은 상황을 마주하면 기꺼이 목소리를 냅니다. 일부 비장애인이 생각하는 것과 장애 당사자의 생각이 서로 다를 수 있다는 것을 알리기 위해서입니다.

"우리는 장애인을 자신이 구별하고 싶은 방식으로 정의하려 해서는 안 돼요. 그러나 힘의 차이로 인해서, 장애인은 스스로 결정을 내릴 능력이 없는 사람으로 취급받기도 하지요. 만약 당신이 장애인이라면, 굳이 당신이 '사람'이라고 주장할 필요 없어요. 그리고 당신이 가진 정체성은 어떤 부분도 손상되어서는 안 돼요. 자폐는 자아 정체성의 전부는 아니지만, 적어도 한 부분이 될 수 있어요. 자폐는 우리의 정체성에 있어 중요하고 유익하며 근본적인 한 부분이에요."

리디아는 '정체성 우선 언어(identity-first language)'를 선호합니다. 그리고 사람들에게 '사람 우선 언어'를 사용하도록 가르치는 관행을 반대합니다. 그러나 모든 자폐인이 '정체성 우선 언어'를 선호하는 것은 아닙니다. 리디아는 단지 사람들이 자폐 당사자의 정체성에 대한 선호도를 자신만의 기준으로 판단하지 않기를 바랄 뿐입니다. 다시 말해, 개인저인 선호에 따른 언어 사용을 두고 마치 모든 자폐인이 그러할 것이라고 단정해서는 안 된다는 뜻입니다.

아스퍼거는 진화의 다음 단계고 심각한 자폐는 진화 중 고장 난 거라고요?

리디아는 자폐 스펙트럼 장애를 하위분류하는 것을 선호하지 않으며,

자신이 받은 구체적인 진단을 밝히지 않기로 했습니다. 고기능이나 저기능(low-functioning)과 같이 수준을 구분하는 명칭뿐만 아니라 아스퍼거 증후군(asperger syndrome) 또는 비전형적 전반적 발달장애(Pervasive Developmental Disorder Not Otherwise Specified, PDD-NOS)와 같이 진단을 구분하는 명칭은 자폐인을 부정확하고 부당하게 판단할 수 있다고 생각합니다. 리디아는 사람들이 고정관념을 정당화하기 위해 고기능과 저기능을 구분한다고 믿습니다. 사람들은 '고기능 자폐'가 공식적인 진단명이 아님에도 불구하고, 평균 또는 평균 이상의 지능이면서 자폐 스펙트럼 장애를 가진 사람을 가리킬 때 이 용어를 사용합니다.[4] 리디아는 사람들이 이 용어들을 사용하는 이유가 자폐인이 신경전형인과 얼마나 유사한 수준으로 행동할 수 있는지 구분하기 위해서라고 생각합니다.

> "그래서 '대문자 A(Autism)'를 가진 자폐인 커뮤니티에서는, 우리 자신을 '자폐를 가진 사람'이 아니라 '자폐인'으로 말하는 걸 가장 강력하게 선호합니다. 이건 다분히 의도한 겁니다."

그렇다면 '고기능'이라는 용어는 무엇이 잘못된 걸까요? 리디아는 고기능이라는 용어가 사람들이 생각하는 것만큼 정확성이 높지 않다고 말합니다. 어떤 자폐인은 한 가지 기술에 대해서는 고기능이지만 (즉, 주류 사회의 기준에 따라 그 기술을 잘 수행할 수 있지만) 다른 과제 또는 다른 환경에서 같은 과제를 수행하도록 요청받으면 저기능인 경우가 있습니다. 이는 자폐 스펙트럼에 속하든 속하지 않든 모든 사람에게 해당됩니다. 마찬가지로 저기능으로 판정된 자폐인도 고기능 기술을 가지고 있을 수 있습니다. 따라서 이런 용어는 잘못된 일반화를 유도할 수 있으며 자폐인들이 저마다 가진 고유한 기술을 제대로 반영하지도 못합니다.

자폐 스펙트럼 장애를 하위분류하는 것의 또 다른 문제는 세부 진단명에 따라 사람들의 기대가 달라진다는 것입니다. 리디아는 이렇게 말합니다.

"어떤 사람들은 아스퍼거가 '진화의 사다리에 올라가는 다음 단계'라고 생각하는 반면, 이보다 심각한 자폐를 가진 사람들은 '고장 났다'고 생각해요."

어떤 사람들은 고기능 자폐가 실제로는 장애가 아니라고 생각하며, 심지어는 특별한 재능이나 뛰어난 지능이 자폐라는 표식과 함께 왔다고 생각하기도 합니다. 팀 페이지(04 인터뷰이)도 이에 동의하며 이렇게 말합니다.

"아이가 자폐 스펙트럼 장애라는 말을 들으면 겁에 질릴 어머니들이 아스퍼거 증후군이라는 말을 들으면 괜찮다고 생각하는 이유는 아스퍼거는 작은 천재, 똑똑하고 매력적이라는 의미이기 때문이에요. … 실제로 이는 소수에게만 해당돼요. 또한 자폐인은 쓰레기통에 버려야 할 쓰레기처럼 취급받는 경우가 많고, 그 누구도 자폐인을 쓸모있다고 생각하지 않아요. 저는 그것도 사실이 아니라고 생각하기 때문에 스펙트럼이라는 개념이 마음에 들어요."

자폐인으로, 작가이자 장애인 권리 운동가인 짐 싱클레어(Jim Sinclair)는 쉰두 살 때 쓴 에세이 〈격차 해소(Bridging the Gaps)〉[5]에서 주변 사람들의 기대에 대한 자신의 경험을 이야기했습니다. 짐 싱클레어는 자신을 가장 괴롭히고 고통스럽게 했던 기대를 이렇게 설명합니다. "나는 나에게 기대되는 것이 무엇인지 이해하고 어떻게 해야 하는지 알고 있다. 그리고 고의적인 악의나 무의식적인 적대감으로 인해 사람들이 기대한 대로 내가 수행하지 못

한다는 것 역시 이해하고 있다."⁶

리디아는 사람들이 자폐 스펙트럼 장애를 하위분류해서 "당신은 기능이 뛰어나겠군요."와 같은 말로 칭찬한다고 생각합니다. 하지만 이러한 사람들은 자폐를 오해하고 있으며, 자폐인을 비하하는 것일 수도 있습니다. 벤 카트제(03 인터뷰)도 이에 동의하며 이렇게 말합니다.

"의사나 다른 사람이 저를 '고기능'의 스펙트럼에 속한다고 말할 때, 저는 정말 이해가 되지 않아요. 제가 거의 '정상'에 가깝다는 뜻인가요? 제 머릿속에는 '저기 벤이 있네. 바로 저 점이야!'라는 말이 떠올랐어요. 마치 모든 것을 그래프로 표시하는 것처럼요. 도대체 무슨 근거로 그런 결정을 내리는지 모르겠어요. 무엇이 정상인가요? 사람들은 '고기능'으로 간주되는 것이 칭찬이라고 생각하나요? '거의 정상'으로 간주되는 것이 칭찬이라고 생각하나요?"

자폐를 하위분류하는 문제

기능이나 능력을 기준으로 자폐 스펙트럼 장애를 하위분류하는 것은 한 사람의 신경학적 상태를 완전하게 반영하지 못합니다. 이런 분류는 일상생활에서 자폐인에게 자조 기술을 지원하는 데 여러 문제를 야기합니다. 언어병리학자 배리 프리전트(Barry M. Prizant)는 자폐 스펙트럼 아이들을 대상으로 한 연구에서 이 사실을 확인했습니다. 그는 《독특해도 괜찮아》⁷에서, "교육자가 아이를 '고기능'이라고 판정해 주면, 일부 부모들은 아이가 겪는 문제를 축소해서 보거나 무시하는 경우가 빈번해진다."(p.221)고 했습니다. '저기능'이라는 말은 사람들의 기대치를 낮추는 반면 '고기능'이라는 말은 모든 게 다 괜찮다는 잘못된 인식을 심어줄 수 있습니다.

우리를 '고치려는' 시도를 멈추세요

　일부 자폐인은 사회에서 자폐에 대한 부정적인 시각이 사라지기를 바랍니다. 리디아를 비롯해 많은 사람들이 자폐가 장애라는 것을 인정합니다. 하지만 리디아는 우리 사회가 신경전형인을 선호하기 때문에 자폐를 부정적인 시각으로 본다고 주장합니다. 즉, 장애는 부정적인 것이 아니라 중립적이라는 겁니다. 이렇게 보는 관점을 장애의 '사회적 모델'이라고 합니다. 반면에 장애를 치료하거나 근절해야 할 단점이자 비정상으로 간주하는 관점을 '의료적 모델'이라고 합니다. 의료적 모델의 관점을 가진 사람들은 자폐인을 포함한 장애인에 대한 수용 시설 필요성을 지지합니다.
　많은 자폐인은 신경다양성을 수용하는 사회에서 살기를 바랍니다. 즉, 이들은 신경전형인들의 기대에 부합하는 사회적 행동을 해야 한다는 압박감 없이 자폐적인 자신으로 살아가기를 원합니다. 리디아는 이렇게 말했습니다.

　"저는 자폐인이기 때문에 어려움을 겪는 게 아니에요. 제 삶을 어렵게 만드는 것은 저를 수용하지 않는 사람들이에요."

　짐 싱클레어도 이 주제에 대해 〈우리를 위해 슬퍼하지 마세요(Don't Mourn for Us)〉[8]란 제목의 글에서 이렇게 말했습니다.
　"자폐는 한 사람이 가지고 있는 병이 아니며, 사람을 가둔 '껍데기'도 아닙니다. 자폐 뒤에 숨어 있는 '정상적'인 아이는 없습니다. 자폐는 하나의 존재 방식입니다. 자폐는 경험, 감각, 지각, 사고, 감정, 관계 등 모든 측면에 영향을 미칩니다. 자폐와 그 사람을 분리하는 것은 불가능하며, 만약 그게 가능해서 자폐를 분리한다면, 그 사람은 처음과 같은 사람이 아닐 것입니다. 따라서 부모가 '내 아이에게 자폐가 없었으면 좋겠다.'라고 말한다면, 그 말의 진짜 의미는 '자폐인 아이가 아니라 다른 아이가 있었으면 좋겠다.'는 것입니다. 우리는 이런 말을 우리를 가엽게 여기는 사람들이나 우리가 완치되길 바라는 사람들에게서 듣습니다. 그리고 알게 됐습니다. 이들이 우리에게 간절히 바란다고 하는 희망과 꿈은 언젠가 우리의 존재가 사라지는 것이며, 이들이 사랑할 수 있는 다른 존재로 바뀌는 것임을."

　리디아와 다른 많은 사람들에 따르면, 많은 치료법이 사회적으로 무해한 자폐인의 특질까지 제거하는 접근 방식을 취하고 있습니다. 이는 신경전형인의 의사소통 방식이 도덕적으로 우월하고, 자폐인의 방식은 수치스럽거나 부끄러운 것이라는 믿음을 강화시킵니다. 뉴질랜드의 자폐인 작가 페니 윈터(Penni Winter)는 이 문제를 지적하며 이렇게 설명합니다.

　"정상화 접근 방식(normalization approach)에는 다양한 치료법이 있습니다. 분명히 말씀드리지만, 중요한 것은 '무엇을 하느냐'가 아니라 '왜 하느냐'입니다. 사회성 기술 및 자조 기술 훈련과 같은 치료법 중 일부는 자폐 스펙트럼에 들지 않는 사람들도 사용한다고 알고 있습니다. 이들은 아이의 능력을 단순히 향상시키는 것을 추구합니다. 나는 이를 '최대화'라고 부르며, 이 목표를 전적으로 지지합니다. 이와 다르게, 정상화의 궁극적인 목표는 단순히 자폐의 외형적 징후를 없애는 데 있습니다."[9]

　페니 윈터의 말은 부모가 자폐 스펙트럼 아이를 돕는 방법을 찾는 것을 중단하라는 뜻이 아닙니다. 부모가 아이를 도우려는 이유를 다시 한번 생각해 보라는 뜻입니다. 부모가 아이를 '고쳐야 한다'고 생각하고 접근하면 아이는 좌절하고 상처를 받을 수 있습니다. 그러나 아이의 요구와 관심사에 민감하게 반응하며 접근하면 특정 목표와 관련된 치료 방법을 찾는 데 도움이 될 것입니다. 리디아는 치료 또는 지원은 자폐인을 긍정적으로 바라보고 존중하며, 대처 메커니즘, 지원 시스템, 자기 적응, 자기 옹호에 중점을 두었을 때 효과적일 수 있다고 말합니다.

자기 옹호를 가르치세요

리디아는 자폐인들에게 자기 옹호를 장려하고, 자폐인을 지원하는 정책을 변화시키기 위해 노력합니다. 리디아는 자폐인들이 자기 옹호 채널을 통해 자신의 관심사나 어려움을 공유할 다른 사람을 찾음으로써 평화와 자유를 찾을 수 있다고 믿습니다. 자폐 옹호자와 자기 옹호자들의 노력으로 장애인 권리 운동이 발전해 왔으며, 더 많은 목소리가 들릴수록 변화는 빨라집니다. 자기 옹호에 대한 더 많은 이야기는 이 책 뒷부분의 조언을 참조하시기 바랍니다.

생각해 보기

- 장애에 대한 '의료적 모델'과 '사회적 모델' 관점 중 어느 쪽을 선호하나요? 그 이유는 무엇인가요?
- '사람 우선 언어'와 '정체성 우선 언어' 중 어느 쪽을 선호하나요? 아이는 어느 쪽을 선호하나요? 그 이유는 무엇인가요?
- 아이에게 자폐를 '치료'받아야 한다고 말하거나, '완치'될 거라고 말한 경우가 있나요? 이러한 말에 대해 아이는 어떻게 느낄까요? 아이는 치료받기를 바라나요?
- 어떻게 하면 가정이나 지역 사회에서 자폐에 대한 인식이나 수용이 긍정적인 방향으로 촉진될 수 있을까요?

알리사 힐러리(Alyssa Hillary)

2021년에 신경과학 박사 학위 과정을 마쳤고, 보완대체의사소통(AAC)에 대한 연구를 하고 있습니다. 석사 과정으로 수학을 공부했고, 학부에서 수학, 기계공학, 중국어를 공부했습니다. 자폐인 권리 운동가이자 대중 연설가, 작가입니다. 고등학생일 때부터 글쓰기에 재미를 느껴 에세이, 시, 소설, 특히 공상과학 소설 등을 즐겨 썼고, 현재는 학술 에세이도 쓰고 있습니다. 장애 문화 에세이 문집인 《크립티크스(Criptiques)》와 《타이핑된 단어, 큰 목소리(Typed Words, Loud Voices)》 등의 책에 글을 기고했습니다. 블로그 'Yes, That, Too(yesthattoo.blogspot.com)'에 자신의 생각을 기록하고 있습니다.

02 | 알리사 힐러리 인터뷰

사회적 통합과 자폐 숨기기

숨겨지지도 않고,
숨길수록 멀어지는 것

"제가 누구와 교류할지에 대한 권한은 저에게 있으며,
당신이 받아들이지 않는다면
저는 당신을 상대하지 않을 거예요."

그들만의 농담

스물세 살인 알리사 힐러리는 사람들이 하는 말의 뜻이나 감정을 읽는 데 어려움을 겪고 있습니다. 알리사가 나누는 대화는 종종 혼란스러운 방향으로 흘러갑니다. 예를 들면, 알리사는 누군가와 대화할 때 몇 분 후에야 상대방이 문자 그대로 말한 것이 아니라 농담을 했다는 것을 깨닫습니다. 어떤 말은 몇 년이 지나서야 그 의미를 알아차렸습니다. 알리사가 했던 대화들은 대개 어리둥절한 상태에서 어색하게 흐름이 끊겼습니다. 알리사는 자신의 경험을 다음과 같은 사례로 이야기해 주었습니다.

- 5, 6학년 때, 알리사의 친구는 자주 죽고 싶다고 말했습니다. 그럴 때마다 알리사는 선생님에게 알렸습니다. 친구는 엄살을 부렸을 뿐인데 알리사가 심각하게 받아들이고 선생님에게 말했다며 화를 냈습니다. 알리사는 친구가 거짓말을 한다고 생각했습니다. 알리사는 그 말이 단순히 엄살이 아니라, 관심을 가져 달라는 요청이라고 느꼈습니다. 알리사는 친구의 말을 의도대로 해석하기 어려웠고, 그냥 가볍게 넘어갈 수 없었습니다. 알리사는 사람들이 의미를 전달하는 방식이 다양하기에 때때로 상대방이 진정으로 생각하고 느끼는 바를 해석하기 어렵다고 합니다.
- 고등학교 시절, 알리사는 한 친구와 복도를 걷고 있었습니다. 친구가 복도 천장에 있는 장비 하나를 가리키면서, 학생들이 학교에서 휴대전화를 사용하지 못하게 하기 위한 신호 변환기라고 말했습니다. 알리사는 당시 그 친구가 진지했다고 생각했습니다. 그리고 몇 년이 지난 후에야 그 말이 농담이었다는 걸 깨달았습니다.
- 대학교 강의 첫날, 알리사는 강의실로 걸어 들어가면서, "경제학 강

의실인가요?"라고 물었습니다. 교수님은 "아니요. 철학 강의실입니다."*라고 응답했고, 그 말에 알리사는 강의실을 나가려고 했습니다. 그때 한 학생이 일어나 알리사를 부르며 말했습니다. 사실 경제학 강의실이 맞고, 교수님이 농담한 것이라고 말입니다. 알리사는 수업 내내 교수님의 유머를 알아채기 위해 신경을 곤두세워야 했습니다.

알리사는 자폐인이 풍자, 비유, 농담을 알아차리면 소통에 도움이 된다는 것을 인정합니다. 하지만 이런 표현을 사용한 의사소통은 신경전형인이 좋아하는 방식일 뿐이라고 말합니다. 자폐인은 이런 표현을 이해할 수 없지만, 사회적으로 통용되는 의사소통 방식이라 따를 수밖에 없다고 하소연합니다. 알리사는 이것이 접근성의 장벽이라고 생각합니다.

"누군가에게 그가 아는 유일한 의사소통 방법이 틀렸다고 말하면서 그가 인지적으로 이해할 수 없는 방식으로만 대화할 것을 요구하면 그는 대화에 참여할 수 없고, 세상과 멀어질 거예요. 누구에게나 접근성이 중요해요."

알리사는 신경전형인들이 자신들보다 언어를 더 문자 그대로 받아들이는 경향이 있는 이들에게 민감하게 반응할 것을 당부합니다. 예를 들면, 자폐인들이 농담인지 비꼬는 것인지 물어보면 사실대로 대답하고 비유의 의도를 설명해 주어야 합니다. 또 평상시에도 자폐인들 앞에서는 그런 종류의 표현을 하지 않도록 노력해야 합니다.

---

* 전통적으로 모든 학문(특히 인문 사회 계열 학문)을 철학의 일종으로 간주했던 역사가 있기 때문에 교수가 이런 농담을 한 것으로 보입니다.

누구나 상동행동을 한다

앞서 언급했듯이 알리사는 대화 속에 빈번한 농담과 빈정거림을 이해할 수 없어 또래 친구들과 어울리기 힘들었습니다. 많은 자폐인이 알리사와 같은 이유로 사회관계를 맺는 데 어려움을 겪고, 사회적으로 통합되는 데 장벽을 느끼고 있습니다. 자폐인의 사회 통합과 관련된 또 다른 어려움은 사회가 일반적으로 상동행동(stimming)을 금기시하는 데서 비롯됩니다. 많은 자폐인이 '조용한 손(quiet hands, 펄럭이거나 안절부절못하는 움직임을 하지 않는 손)'을 하고, 몸이나 머리 흔들기 같은 적응 행동(adaptive behavior)을 자제하도록 훈련받습니다. 상동행동이 사람들에게 어색하거나 비정상적인 것으로 보일 수 있기 때문입니다. 그러나 이러한 훈련은 자폐 당사자로 하여금 자신에게는 자연스러운 상동행동을 억제하지 않으면 사회적으로 통합될 수 없다는 생각을 갖게 만듭니다.

개빈 볼라드(11 인터뷰이)는 2012년에 쓴 〈상동행동이란 무엇이고, 왜 중요한가?(What is 'Stimming' and Why is it Important?)〉[10]라는 글에서 이렇게 말했습니다. "상동행동은 지극히 정상적입니다. 사실 우리는 모두 이러한 행동을 합니다. 단지 자폐인들과 같은 정도로 상동행동을 하지 않을 뿐입니다. 아마도 대부분의 사람들은 다른 사람의 눈에 잘 띄지 않고 불안을 다스릴 수 있는 나름의 방법을 찾았기 때문일 수 있습니다."(para. 9) 예를 들어, 사람들은 손을 펄럭이거나 몸을 앞뒤로 흔드는 것보다 손톱을 깨물거나 연필을 돌리거나 손가락을 툭툭 두드리거나 다리를 떠는 것 정도는 그냥 넘어가 주는 경향이 있습니다. 불안을 드러내는 전형적인 행동으로 보기 때문입니다.

알리사는 자폐인을 고립시키기보다는 상동행동과 같은 자폐 행동을 받아들여 주는 것이 중요하다고 강조합니다. 자폐인이 사회에 통합되기 위해서 자폐 행동을 억제해야 하는 게 아니라고 말입니다.

"괴롭힘을 일삼는 또래들이 있어요. 아마도 우리는 그들이 가장 좋아하는 표적일 거예요. 그건 우리가 다루어야 할 괴롭힘 사건들이 더 많다는 것을 의미해요. 더 자주 괴롭힘을 당할 수도 있고 괴롭힘이 더 심해질 수도 있어요. 선생님들이 괴롭힘 사건을 보고도 못 본 척하면, 가해 학생들은 점점 더 대담해질 거예요. 가해 학생들은 무엇이 선을 넘는 행동인지, 무엇이 심각한 폭력인지 알면서도 괴롭힐 수 있는데, 우리는 이들의 변명을 곧이곧대로 들어 주는지도 몰라요. 저는 이 모든 일이 저에게도 일어났다는 것을 알고 있어요."

비전형적 행동

상동행동이 반드시 비도덕적이거나 존중하기 힘든 것은 아닙니다. 단지 전형적인 행동이 아닐 뿐입니다. 배리 프리전트와 톰 필즈메이어는 《독특해도 괜찮아》[7]에서 우리가 자폐인의 상동행동을 단순히 행동으로만 보아서는 안 된다고 말합니다. "상동행동은 대부분 조절 장애에 대처하기 위한 전략"(p.22)이라며 자폐 스펙트럼 아이들은 불안정한 감정을 조절하기 위해 비전형적 행동을 한다고 설명했습니다. 우리가 상동행동을 수용하지 않는다면 자폐인을 존중하기도 어렵습니다. 자폐 스펙트럼 아이들은 자신의 존재가 인정받고 있으며, 각자의 관심사와 목표에 대해서 지원받을 수 있다는 것을 알아야 합니다. 어쩌면 적응하거나 동화되어 신경전형인처럼 행동하는 것이 목표가 아니라 자아실현이나 인간의 잠재력을 실현하는 것이 목표가 되어야 할지도 모릅니다. 2005년 유엔 경제사회국(UN DESA)은 사회 통합을 이렇게 정의했습니다. "모든 구성원이 대화에 참여하여 평화로운 사회관계를 달성하고 유지하기 위한 역동적이고 원칙적인 과정으로, 강압적인 동화나 강제 통합을 의미하지 않는다." 사회 통합을 위해서는 자폐인이나 비자폐인이나 모두 상호 존중하며 살아가기 위해 함께 노력해야 합니다.

자폐 숨기기로 통합이 된다면

　많은 자폐인들이 암묵적 또는 명시적으로 자폐를 숨기라는 말을 자주 듣습니다. 이로 인해 자폐는 나쁜 것이며, 진정한 자기 삶을 살지 못하더라도 자폐 행동을 숨기는 것이 가장 안전하다는 믿음을 내면화하게 됩니다. 그러나 알리사의 생각은 달랐습니다.

　"선생님들은 저에게 '현실 세계에서는' 팔을 펄럭이거나 흔들면 안 된다고 분명히 말씀하셨어요. 하지만 저는 이제 교사이자 작가이고 대학원생이에요. 손을 펄럭이고 흔들어도 된다고 말할 수 있어요."

　자폐인에게는 자신을 지지하고 지원해 주는 사람들이 곁에 있다는 것이 매우 중요합니다. 자폐인으로서 삶을 사는 데 든든한 울타리가 되어 주기 때문입니다. 하지만 일부 자폐인들에게는 그런 사람들이 없을 수도 있습니다. 심지어 가족조차 없을 수도 있습니다. 어느 누구로부터도 지지와 지원을 받지 못하는 자폐인이라면 일상생활이 피곤할 수밖에 없습니다.
　알리사는 많은 자폐인과 마찬가지로 또래나 동료들과 어울리기 위해 꾸준히 노력해 왔습니다. 하지만 자폐를 숨겨야 한다고 느끼면 자신의 본모습을 자기도 모르게 억누르는 걸 되풀이하게 돼 낙담합니다. 알리사는 때때로 사람들의 자폐에 대한 '무지'가 통합을 조금 더 쉽게 만드는 데 도움이 된다고 말합니다. 예를 들어, 학업적인 면에서 영재였던 알리사는 '영재는 특이한 점이 있다.'는 사회적 통념을 연막으로 활용했습니다. 그 덕분에 알리사는 '자폐'를 숨기는 데 어느 정도 성공했습니다. 사람들이 알리사가 하는 상동행동을 영재의 유별난 행동으로 보았기 때문입니다. 그런데 초등학교 3학년 때 선생님이 알리사가 손을 펄럭일 때마다 알리사의 이름을 호명하며 행동을 제지했습니다. 그 결과 알리사는 손을 펄럭이는 행동을 억지로 참게 됐습니다. 이후에 알리사가 편안하게 다시 손을 펄럭이는 데에는 거의 10년이라는 시간이 걸렸습니다.

열 살 때 아스퍼거 증후군 진단을 받은 에이미 그라비노(08 인터뷰이)는 자폐를 숨기는 것이 완벽하게 가능하지도, 도움이 되지도 않는다는 것을 깨달았다고 합니다.

> "예전에는 전형적인 자폐성 장애(classic autism) 진단을 받은 사람들과 어울리는 것을 꺼렸어요. 하지만 어느 날 저는 제가 이들과 똑같은 일을 겪고 있다는 사실을 깨달았어요."

에이미 그라비노는 자폐를 숨기며 자기도 모르게 자폐를 부정적으로 보는 시선을 내면화했습니다. 자폐 당사자였던 에이미 그라비노가 중증 자폐인을 보는 시선이 그러했는데, 신경전형인이 자폐인을 보는 시선이야 더 말할 것도 없을 것입니다. 자폐인의 사회 통합이 요원한 이유는 이러한 부정적 내면화와 사회적 인식에도 있습니다. 따라서 자폐 스펙트럼 아이의 부모와 치료사는 아이의 행동을 중재할 때 사용하는 말들이 갖는 사회적 의미를 인식해야 합니다. 자신이나 타인에게 신체적 또는 정서적으로 해를 끼칠 수 있는 위험한 행동은 모든 사람의 안전을 위해 적절한 중재가 필요하고 개선되어야 합니다. 하지만 손을 펄럭이는 것과 같은 자폐 특유의 행동은 누구의 안전도 위협하지 않습니다. 한마디로 중재할 명분이 부족하다는 겁니다. 알리사는 이런 명분이 부족한 중재로 인해서 어린 시절 내내 편안하지 않았다고 말했습니다.

> "숨기는 건 정말 짜증 나요. 제가 숨기려고 했던 몇 안 되는 행동 중

하나는 손을 펄럭이는 행동이었어요. 3학년 때 반 친구들이 저를 비속어를 섞어 '펄럭이'라고 부른 이후부터요. 하지만 항상 그럴 수는 없었어요. 손을 펄럭이는 걸 참을 수 없을 때가 오면 그런 행동을 했죠. 대략 1년 전까지도 저는 공개적인 자리에서 손을 펄럭이는 행동을 하는 게 괜찮다고 느껴지지 않았어요."

자폐 숨기기의 영향

자폐 스펙트럼 성인들을 전문으로 치료하는 심리치료사 캐리 테라(Cary Terra)는 2012년에 자신의 홈페이지에 '숨겨진 자폐 스펙트럼 장애'의 특징과 자폐 숨기기가 신체적, 정서적 건강에 초래할 수 있는 해로운 영향에 대한 글을 쓴 적이 있습니다. 캐리 테라는 '조용히 자신감이 넘치지만 걱정도 많고 지적이며 지각력이 뛰어난' 환자 한 명에 대해 이야기합니다. 사람들은 그에게 호의를 베풀었고, 그를 정말 좋아했습니다. 캐리 테라의 동료 중 한 명은 그가 다른 사람들과 잘 지낸다고 생각해서 아스퍼거 증후군 진단이 적절하지 않다고 했습니다. 그는 사회성 기술을 일상에서 편안하게 수행하고 또 수행할 수 있는 것처럼 보였습니다. 하지만 사실은 그렇지 않았습니다. 그는 늘 지친 채 집으로 돌아갔습니다. 캐리 테라는 그의 아내에게서 그의 상태를 전해 들었고, "집에 돌아온 그는 고립무원의 상태에 빠져 있었고, 집에서 안식과 휴식을 원했다."라고 썼습니다.[11]

자폐인과 함께 사는 많은 사람들이 이런 종류의 피로를 이해합니다. 캐리 테라는 '자폐 숨기기'가 자폐 당사자는 물론 배우자 또는 자녀 모두에게 일상적인 부담을 줘 장기적으로 정신 건강에 위험한 결과를 초래할 수 있다고 우려했습니다.

치료의 최종 목표가 자폐 행동을 하지 않는 '정상화'가 되어서는 안 됩니다. 부모와 보호자가 최종 목표로 삼아야 할 것은 자폐 스펙트럼 아이가 신경다양성 집단 내에서 소수로 살아가면서도 행복하고 의미 있는 삶을 영위할 수 있게 하는 것입니다. 부모는 이 목표를 위해 아이를 도와야 할 의무가 있습니다. 아이가 어릴 때는 부모가 성장하는 데 필요하다고 생각하는 기술을 결정해야 합니다. 그러나 적절한 시점이 되면, 아이가 자기 인생의 방향을 찾고 목표를 달성하기 위해 무엇을 원하고 필요로 하는지 주체적으로 의사를 표현할 수 있게 해야 합니다.

생각해 보기

- 아이가 풍자를 이해하는지 어떻게 알 수 있나요?
- 사회적 통합이란 어떤 모습일까요?
- 아이에게 어떤 행동을 바꾸거나 없애라고 요구하고 있나요?
- 반복적으로 진단 검사를 하거나 가족이나 친구에게 아이의 자폐 스펙트럼 장애를 숨기는 등 아이가 받은 진단을 회피하려고 시도한 적이 있나요? 그 이유는 무엇인가요?
- 아이가 자폐 스펙트럼 장애 진단을 받은 것에 대해 어떻게 생각하나요?

벤 카트제(Ben Kartje)

2007년에 고등학교를 졸업했습니다. 노트르담 대학교의 특별 행사 지원 업무를 하고 있으며, 아일랜드 축구팀의 열렬한 팬입니다. 태권도 검은 띠가 있고, 여가 활동으로 드럼을 즐겨 칩니다. 교회에서 활동하며 지역 청소년 단체에서 드럼을 연주합니다. 인생 좌우명은 "항상 나답게 살자. 편리한 대로 사는 사람이 되지 말자."입니다.

03 | 벤 카트제 인터뷰

학교생활에서의 괴롭힘과 학업 문제

학교에서 안전하게
생활하고 공부하는 법

"자폐가 지금의 저를 만들었어요."

가면을 썼던 학교생활

벤 카트제는 사립 학교에 다녔습니다. 학교에는 복장 규정이 있었는데, 벤은 규정에 맞춰 늘 셔츠의 단추를 끝까지 채우고, 규정에 맞는 바지만 입었습니다. 그리고 항상 배정된 자리에 앉았습니다.

선생님들은 규칙을 잘 지키는 벤을 칭찬하고 인정해 주었지만, 또래들은 달랐습니다. 벤은 규칙을 잘 지킨다는 이유로 늘 놀림을 받았습니다. 벤이 과제를 수행할 때면 또래들은 옆에서 벤을 '벤저민 프랭클린'*이라고 불렀습니다. 그러고는 벤이 긴장하는 모습을 보면서 웃었습니다. 벤은 그들을 애써 무시하려고 했지만, 화를 참을 수 없었습니다. 또래들은 벤을 놀리고 벤이 화내는 모습을 보면서 즐거워했습니다.

"저는 왕따였어요. 이런 따돌림은 제 인생에 늘 있었어요. 그리고 아마도 그 기억들이 지금의 저를 만들었을 거예요."

또래들에게 직접 그만하라고 말하거나, 선생님을 찾아가 이야기하는 것은 결코 도움이 되지 않았습니다. 또래들은 벤을 고자질쟁이라고 손가락질했고, 교실 밖에서나 선생님 등 뒤에서 계속 괴롭혔습니다. 벤은 규칙을 따르면서도 비웃음을 피하려고 고군분투했습니다. 이는 그렇지 않아도 학업 스트레스를 받던 벤을 더욱 지치게 만들었습니다.

물론 모두가 벤을 괴롭힌 것은 아니었습니다. 또래들 중 일부, 특히나 친구들 사이에 인기 있는 몇몇은 벤에게 친절했습니다. 하지만 그 친절은 피

---

*미국 건국의 아버지이자 '미국의 정신'을 상징하는 인물입니다. 평생 동안 철저하게 시간 관리를 한 사람으로, 일정 관리 다이어리로 유명한 '프랭클린 플래너'의 모티브가 됐습니다.

상적이었습니다. 벤은 그들을 친구라고 생각했지만, 그들은 결코 벤과 함께하고 싶어 하지 않았습니다. 그들은 벤을 팀 활동을 같이할 팀원으로 선택하거나 학교 밖에서 하는 모임에 초대하지 않았습니다.

"그들은 저를 진정한 친구로 생각하지 않았어요. 저는 어떠한 모임에도 초대받은 적이 없었어요."

고등학교 시절, 벤은 다른 사람들이 자신을 어떻게 생각하는지에 대해 끊임없이 걱정하느라 지쳐 갔습니다. 부모님은 중재를 시도했고, 더 많은 학업 및 사회적 지원을 해 주는 공립 학교에 벤을 보내기로 했습니다. 하지만 안타깝게도 벤은 공립 학교가 자신의 독특한 교육적 요구를 충족시켜 주지 못한다고 느꼈습니다. 공립 학교에는 벤 말고도 개별화교육계획(IEP)이 필요한 학생들이 많았습니다. 선생님들은 벤보다 더 눈에 띄게 도움이 필요한 학생들을 관리하는 데 신경을 쏟았습니다. 그러다 보니 벤의 교육적 요구는 미처 받아주지 못하는 경우가 많았습니다.

결국 벤은 이전에 다니던 사립 학교로 돌아갔습니다. 그리고 또래들의 지속적인 놀림과 학업적 성취에 대한 부담감으로 겪는 스트레스에 대해 상담 선생님의 조언을 구했습니다. 상담 선생님은 벤에게 스트레스를 해소하기 위해 매일 쓰고 있던 스스로 만든 '가면'을 벗으라고 말했습니다. 벤이 찾아갔던 한 신부님도 비슷한 조언을 해 주었습니다. "신이 만든 그대로가 되세요. 다른 사람이 되려 하지 마세요." 벤은 이 조언들을 듣고, 차츰 또래들이 자신을 어떻게 생각하는지 신경 쓰지 않게 됐습니다. 그리고 조금씩 자신감을 얻었습니다.

"저는 스스로에게 '아무도 네가 누구인지 알아보지 못하게 해.'라고 세뇌했었어요. 이제 아니에요. 그냥 원래의 모습이 되려고 해요. 그냥 제 자신이요. 이게 우리가 행복해질 수 있는 유일한 방법이에요. 자신이 다른 사람인 것처럼 연기하려면, 가면을 써야 할 거예요. 그리고 그 끝은 별로 마음에 들지 않겠죠."

내 편이 되어 주는 누군가가 있는 교실이라면

벤은 학업에 어려움을 겪었지만, 고등학교를 졸업하기로 마음먹었습니다. 자폐인이라는 자신의 정체성에 대해 점차 자신감을 얻었고 다른 사람들의 시선을 크게 신경 쓰지 않게 됐습니다. 하지만 일상적인 사회적 상호작용에는 여전히 어려움을 겪었고, 불안했습니다. 벤은 사립 학교를 다니며 적절한 수준으로 중재가 이루어지는 학급이라면, 자폐 스펙트럼 장애가 있어도 학교생활을 더 쉽게 견딜 수 있다는 것을 알았습니다. 통제가 되지 않는 교실에서는 어떤 학생이라도 스트레스를 받을 수 있습니다. 특히 예측 가능하며 반복적인 일과를 선호하는 자폐 스펙트럼 아이는 이러한 환경에서 더 어려움을 겪는 경향이 있습니다.

학급 환경이 잘 관리되면, 자폐 스펙트럼 아이가 교사의 기대에 부응하고 성공적으로 학습할 수 있는 가능성이 커집니다. 교사가 상호 존중하는 분위기를 조성하고 명확하고 확고한 목표를 가지고 학생들을 이끌면 학급 구성원 모두가 혜택을 볼 수 있습니다. 반면에, 잘못된 행동을 해결하지 않고 규칙을 느슨하게 적용하면 예측 불가능성을 높이고 혼란의 문이 열리게 됩니다. 이는 학급 구성원들의 학습 잠재력에 부정적인 영향을 미칩니다. 하지만 학급 관리가 잘되면 교실은 자폐 스펙트럼 학생이 새로운 학습 기회에 마음을 열 수 있는 친숙하고 편안한 장소가 됩니다.

학급 환경 관리의 기준이 뚜렷하게 정해진 건 아닙니다. 하지만 벤은 안전하고 구조화된 학급 환경의 지표로 다음과 같은 사항을 꼽았습니다.

- 명확하게 정의된 수업의 규칙과 기대 목표
- 명확하게 정립된 학급 일과
- '비는 시간'이 거의 또는 전혀 없는 학생 참여
- 교사와 학생 간의 상호 존중하는 분위기

벤은 교실 이동 수업을 할 때, 해당 교실의 교사가 자료 준비로 허둥대지 않고, 미리 준비를 마치고 문 앞에서 학생들을 맞이하면 더욱 편안함을 느꼈습니다. 벤은 오늘 수업에서 다루고자 하는 주제와 목표가 무엇인지 알고 싶었습니다. 그리고 그게 선생님이 미리 정해 둔 수업 내용인지, 아니면 수업 시작 전에 갑자기 바뀐 것인지도 알고 싶었습니다. 벤은 수업 일정을 전달하지 않거나 일정을 지키는 걸 중요하게 생각하지 않는 선생님들의 수업은 불편했습니다.

또한, 벤은 학급 관리가 잘되면 왕따나 괴롭힘 문제도 예방할 수 있음을 알게 됐습니다. 학생들의 학습에 대한 열의가 강한 학급에서는 놀리고 괴롭히는 행동이 잘 나타나지 않습니다. 그런 행동은 다른 학생들의 학습을 방해하기 때문입니다.

벤이 가장 좋아한 선생님은 중학교 1학년 때 영어 선생님이었습니다. 선생님은 자상했고, 시간 때우기식의 '좋아하는 사람 찾기 놀이' 같은 활동을 하지 않았으며, 교실을 '통제를 벗어나는 일이 없고, 괴롭힘도 없는 엄격한 학습 분위기'로 만들고자 했습니다. 학급 관리를 잘하는 선생님들은 자폐 스펙트럼 학생들에게 교실을 다른 사람들과 교류하고 배움을 얻을 수 있는 편안한 장소로 만들어 줄 수 있습니다. 벤은 이런 안전한 느낌을 '내 편이 되어 주는 누군가가 있는 듯한 느낌'이라고 말합니다. 선생님은 벤의 특별한 교육적 요구에 관심을 가졌습니다. 특히 벤이 그 전까지 또래들에게 많은 놀림을 받았다는 걸 알고 있었습니다. 선생님은 벤에게 필요한 것을 확실하게 알고, 교실을 안전한 학습 환경이 되게끔 관리했습니다.

학교와 적극적으로 소통해 주세요

아이가 학급 관리가 잘되는 반에 배정되었는지 여부는 어떻게 알 수 있으며, 그렇지 않은 경우 어떻게 개입해야 할까요? 벤은 아이가 학교에서 겪는 문제를 자세히 들여다보면 학급 관리가 어떤지 저절로 드러난다고 믿습니다. 벤은 구조화되지 않은 학습이나 학급 일과, 예측 가능한 평가 일정이 없는 수업으로 학업에 어려움을 겪었습니다. 학급 관리가 안 되는 교실에 적응하는 어려움은 곧 계속된 괴롭힘과 학업 부진이라는 문제로 표출됐습니다. 이런 문제가 아이에게서 발견된다면, 벤은 부모들에게 아이의 담임 교사와 대화를 나눠 보라고 조언했습니다.

부모는 담임 교사에게 평소 수업을 어떻게 진행하는지, 아이가 어디에서 어려움을 겪고 있는지 물어볼 수 있습니다. 부모는 교사의 답변을 통해 현재 학급이 아이가 학업을 계속하는 데 필요한 학습 환경으로 적절한지 알아낼 수 있습니다. 대화 후 학급 관리에 문제가 있다고 판단되면 부모는 학교에 이야기하여 이 문제를 해결해야 합니다.

벤은 또한 부모에게 선택지가 있다면 아이를 다른 학급으로 재배정해 달라고 학교에 요청하라고 권합니다. 학교가 학급 변경을 거부할 경우, 부모는 학교에 아이의 학업을 돕기 위한 대책 수립을 요구할 수 있습니다. 예를 들어 괴롭힘과 관련된 문제인 경우 교장이나 상담 교사가 담임 교사, 가해 학생, 가해 학생의 학부모와 만나 문제 해결과 재발 방지를 위한 대책을 세워 줄 수 있습니다.

친밀감을 주는 선생님이 있다는 차이

벤이 학업 성취를 이룰 수 있었던 또 다른 결정적인 요소는 선생님과 쌓은 친밀감이었습니다. 벤은 사립 학교에 다닐 때 선생님과 학습 지원 전문가들이 자신에게 최선의 지원을 제공해 줄 것이라고 믿었습니다. 벤은 어떤 고민이 있더라도 선생님에게 말하기만 하면 문제가 해결될 것이라고 느꼈습니다. 하지만 지역 공립 학교에 다닐 때는 이와 같은 신뢰를 느끼지 못했습니다. 공립 학교에는 벤 말고도 개별화교육계획이 필요한 다른 아이들이 많았습니다. 그래서 특수교사들은 벤이 정말 힘들어할 때도 '벤은 괜찮아. 스스로 해결할 수 있어.'라고 생각하는 것 같았다고 합니다. 하지만 사립 학교에서는 벤이 수업을 잘 이해하고 있는지, 주어진 학업 과제를 잘 수행하고 있는지 주기적으로 확인해 주는 선생님이 있었기 때문에 학업을 계속하는 데 도움이 됐습니다.

브라이언 킹(09 인터뷰)도 자폐 스펙트럼 아이의 학교생활에 선생님과의 관계가 매우 중요하다는 데 동의합니다. 교사는 아이가 학교에서 어떤 경험을 해 왔는지 알아내야 합니다. 혹시 전임 교사 때문에 아이가 교사를 신뢰하지 않는다면, 그 아이에게 새로운 선생님은 예전 선생님과 다를 것이라고 알려 줘야 합니다. 아이가 새로운 선생님과 함께하면 다른 이야기가 펼쳐진다고 인식하게 될 때까지 교사는 아이와 친밀감을 쌓기 위해 노력해야 합니다.

아이의 학교생활을 돕는 가정 환경

자폐 스펙트럼 학생들을 통합 교육할 학급이 준비되어 있더라도, 벤은 하루 중 특정 시간(예를 들면, 급식실, 화장실, 교실 이동)의 예측 불가능성 때문에 학급 일과에 종종 지치게 된다고 말합니다. 학교는 집과 환경이 다릅니다. 집은 학교보다 예측 가능하고 편안하게 생활할 수 있는 환경이 갖춰져 있습니다.

> "집은 아무도 저를 놀리거나 괴롭히지 않을 것이라는 확신이 있는 유일한 장소였어요. 집만이 제가 원하는 것을 하고 저 자신이 될 수 있는 안전한 장소였어요."

자폐 스펙트럼 아이들은 집 밖에서의 사회적 상호작용을 다른 아이들보다 더 힘들어하는 경우가 많기 때문에 안심할 수 있는 안전지대가 필요합니다. 아이가 집에 돌아와서도 끊임없이 야단을 맞거나 꾸중을 듣는다면, 피로를 느끼고 우울증에 걸릴 가능성이 있습니다.

부모는 학교에서 돌아온 자폐 스펙트럼 아이가 집에서도 자조 기술, 사회성 기술 등을 배울 수 있기를 바라며 훈련을 시킵니다. 벤은 부모들이 자폐 스펙트럼 아이는 일반적으로 대부분의 신경전형인 아이보다 학교 수업 중에 더 많은 스트레스를 받는다는 사실을 인식해야 한다고 말합니다.

> "아이가 적응할 때까지 명령이나 비판은 조금 뒤로 미루세요."

벤은 또한 방과 후 또는 외출 후 자폐 스펙트럼 아이들은 해야 할 일이나 하지 말아야 할 일에 대한 지시를 받기 전에 긴장을 풀 시간과 공간이 필요할 수 있다고 말합니다.

휴식 시간 미리 정해 두기 벤은 자신의 부모님이 집안일을 하면서도 자신이 선택한 활동에서 휴식을 취할 수 있도록 균형을 잘 잡아 주었다고 생각합니다. 대부분의 부모는 아이에게 숙제나 집안일을 마칠 때까지 여가 활동을 하지 못하게 합니다. 하지만 벤의 부모님은 달랐습니다. 벤은 초등학생 때 '구조 911'이라는 텔레비전 프로그램에 푹 빠져 있었다고 합니다. 이 프로그램은 실제 911 신고를 재연하는 내용이었습니다. 벤은 응급 차량과 구조대원을 좋아했고 여가 시간에 이 분야에 대해 가능한 한 많이 배우려고 노력했습니다. 벤은 이 프로그램이 저녁 몇 시에 방송되는지 정확히 알고 있었고, 부모님은 벤에게 프로그램을 시청할 시간을 숙제와 집안일을 하는 것에 대한 보상으로 주었습니다.

벤은 또 다른 휴식의 방법으로 보드게임을 즐겼습니다. 보드게임은 차례를 지키고, 협상하고, 패배했을 때도 평정심을 유지하고, 규칙에 따라 행동하는 사회성 기술을 연습할 수 있는 좋은 기회였습니다. 벤의 가족은 정기적으로 '가족 게임의 밤'이라고 이름 지은 행사를 했습니다. 벤은 형제들과 함께 게임을 하고 싶다는 내적 동기가 있어 열심히 참여했습니다. 부모님은 벤이 게임에서 이기는 전략을 세우고 게임 진행에 협조하며 즐겁게 참여할 수 있도록 친절하게 이끌어 주었습니다.

아이의 사회성은 아이가 일상에서 편안함을 느낄 때 더 잘 발달합니다. 벤은 현재 자신이 사회 적응에 자신감을 갖게 된 이유가 항상 안전하고 편안한 가정이 있었기 때문이라고 믿습니다.

"저는 제 사회성이 문제가 되는 것을 두려워하지 않아요. 어색한 상호작용에 대한 두려움보다는 사교 활동을 즐기는 편이죠. 더 이상 스스로를 배제할 필요성을 느끼지 않아요."

자폐 스펙트럼 아이를 위한 안전하고 편안한 집 만들기 자폐 스펙트럼 아이가 집을 더 편안하게 여기도록 해 줄 수 있는 여러 가지 방법이 있습니다. 다음은 아이가 집에서 구조화된 생활을 하면서도, 자신감을 유지할 수 있게 도와주는 방법들입니다.

- 아이가 침실의 벽지나 페인트 색상을 선택하게 하기
- 아이에게 규칙적으로 책임지고 해야 할 일을 부여해 주기
- 은은하거나 조절 가능한 조명을 사용하기
- 강한 향기가 나는 물건을 사용하지 않기
- 트램펄린, 샌드백, 체조 매트 등이 있는 운동 공간을 마련해 주기
- 가능하면 잘 구조화된 방을 마련하고 시각적 일과표^{**}를 준비해 두어 일관성을 유지하기[12]

---

^{**}그림, 사진, 실물 등 시각 자료를 활용해 만든 일과표를 말합니다. 인터넷 검색을 하면, 다양한 시각적 일과표 양식을 볼 수 있으니 참고 바랍니다.

생각해 보기

- 아이는 어떤 수업에서 학업 성취가 있고 어떤 수업에서 어려움을 겪나요? 이러한 질문에 대한 답변이 동일하게 유지되거나 해마다 바뀌나요? 그 원인은 무엇인가요? 학급 관리 또는 특정 콘텐츠 영역과 관련이 있나요?
- 수업에 참여하고 놀림받는 걸 방지하기 위해 아이를 선생님과 가까운 앞자리에 앉히는 방법이 도움이 된다고 생각하나요?
- 아이를 위해 생산적이고 편안한 방과 후 일정을 어떻게 설정할 수 있을까요? 아이가 이러한 일정 변경에 대비하도록 어떻게 도울 수 있나요?

팀 페이지(Tim Page)

1954년생으로, 서던캘리포니아대학교의 음악학 교수이자, 음악 평론가, 프로듀서, 전기 작가입니다. 컬럼비아대학교를 졸업하고, 《뉴욕 타임스(The New York Times)》, 《뉴스데이(Newsday)》 등을 거쳐 1995년 《워싱턴 포스트(The Washington Post)》의 수석 클래식 음악 평론가가 됐으며, 1997년 퓰리처상 비평 부문 상을 받았습니다. 그리고 3년 후 마흔다섯 살 나이에 아스퍼거 증후군 진단을 받았습니다. 1967년에 팀의 어린 시절을 담은 다큐멘터리 단편 영화 〈티미 페이지와 함께하는 하루(A Day With Timmy Page)〉가 제작된 바 있습니다. 그는 음악가 전기인 《윌리엄 카펠(William Kapell)》, 《글렌 굴드(Glenn Gould)》 등과 자신의 회고록인 《평행 놀이(Parallel Play)》 등 20여 권의 책을 쓰거나 편집했습니다.

04 | 팀 페이지 인터뷰

사회성 기술 매뉴얼과 실행 기능 문제 해결

불안을 낮추면
고독한 괴짜라도 괜찮아요

"저는 제가 누구인지에 대해
사과하는 것을 좋아하지 않아요."

오페라로 발야구에서 살아남기

"저는 영원한 아웃사이더 같아요."

팀 페이지는 자신을 이렇게 설명했습니다. 팀은 만 쉰두 살이던 2007년에 잡지 《더 뉴요커(The New Yorker)》에 〈평행 놀이〉[13]라는 제목으로 기고한 글에 "내 인생은 나와 다른 인류와 나란히, 그러나 영원히 만나지 않는 '평행 놀이' 상태에 있었다."고 썼습니다. 팀은 자신의 인생이 평행 놀이 속에 있고, 자신이 '영원한 아웃사이더'라고 느꼈습니다.

팀은 사회와 분리되어 있다는 불안을 지금은 건강하게 관리할 수 있지만, 어렸을 때는 그렇지 않았습니다. 사회로부터 배척당하고 고립되는 상황에 늘 혼란스러웠고 불안에 휩싸였습니다. 다행히 팀은 아주 어린 나이에 불안을 떨칠 수 있는 방법을 스스로 터득했습니다. 팀은 유아기 때 오페라 음악이 혼란스러운 세상과 감각 과부하에서 벗어나는 데 도움이 된다는 것을 어렴풋이 알게 되었습니다. 그런데 음악은 단순한 탈출구 이상으로 팀을 사로잡았습니다. 어린 팀은 세상을 감당하기 버거울 때마다 어머니가 수집해 놓은 음반을 틀고 자신을 진정시키거나 행복감을 줄 무언가를 찾았습니다.

팀은 자라면서 더욱 음악에 빠져들었고 음악과 관련된 정보와 지식을 열정적으로 탐닉했습니다. 하지만 팀은 다른 또래 친구들과 이것을 공유하기 어려웠습니다.

"자폐 스펙트럼 아이는 정말로 이해하지 못하기 때문에 상처를 많이 받아요. 저는 친구를 간절히 원했지만, 친구를 사귀고 함께 어울리는 방법을 배우는 게 매우 힘들었어요."

또래 친구들이 즐겁게 운동을 하는 동안 팀은 공부를 하거나 직접 영화를 만들고, 음악을 작곡하는 것을 더 좋아했습니다. 초등학교 때에는 체육 수업을 싫어했습니다. 팀은 신체 활동을 즐기는 또래 친구들처럼 몸동작을 능숙하게 조절할 수 없었습니다. 팀은 몸동작이 부자연스럽고 서투른 게 드러날까 봐 의무적으로 신체 활동을 해야 하는 체육 수업 시간을 두려워했습니다.

어느 날 팀은 발야구 경기에 참가해야 했습니다. 타자석에서 줄을 서서 자기 차례를 기다리는데, 손바닥에 땀이 나고 심장이 두근거렸습니다. 팀은 앞에 있던 아이들이 한 명씩 빠르게 공을 차고 1루로 달려가는 모습을 지켜보았습니다. 주자가 홈으로 돌아오면, 같은 팀 아이들이 박수를 쳐 주었습니다.

팀은 투수가 던진 공을 잘 차서 팀원들이 경기를 하는 데 문제가 없게 해야 한다는 압박감을 느꼈습니다. 또한 다른 아이들처럼 '정상적으로' 행동하고 게임을 즐겨야 한다는 사회적 압박감도 느꼈습니다. 머리가 욱신거리고 근육이 긴장되어, 앞에 나간 주자가 진루할 수 있도록 완벽하게 공을 차거나 공을 잘 차더라도 1루까지 달리기 힘든 상태였습니다. 차례가 되어 팀이 타자석에 서자 운동장에 있던 아이들은 자세를 풀고 야유를 부내기 시작했습니다. 팀이 헛발질을 할 때마다 아이들은 킥킥거리며 팀의 이름을 불러 댔습니다. 누에 발이 묶인 같은 팀원들은 눈을 동그랗게 뜨고 지켜보다가 수비팀과 함께 비웃었습니다.

팀이 결국 삼진 아웃을 당하자 체육 선생님은 "괜찮아, 팀. 그냥 집에 가서 오페라 음반이나 들어."라고 말하며 아이들과 함께 비웃었습니다. 운동장은 웃음소리로 가득했고, 팀을 희생양으로 삼아 함께 즐거움을 나눈다는 그들만의 유대감이 형성됐습니다. 팀은 운동장을 떠났습니다. 그러고는 집에 가서 오페라 음반을 들었습니다.

"일부 선생님들은 정말 노골적으로 괴롭힘을 일삼았어요."

이런 수모는 다른 수업 시간에도 마찬가지였습니다. 팀은 교실에서도 어려움을 겪었고, 자신에게 우호적인 선생님이든, 공개적으로 굴욕을 줬던 선생님이든 상관없이 모든 과목에서 낙제점을 받았습니다. 팀은 열 살 무렵부터 지역 도서관에서 독학을 시작했습니다. 팀은 정규 학교에서 편안한 자리를 찾지 못하고 수도 없이 낙제점을 받아 고등학교 1학년 때까지 계속 최하위 성적을 받았고 결국 학교를 중퇴했습니다.

"그 당시에는 아무도 제가 자폐일 수 있다고 말하지 않았어요. 저는 말이 많은 편이었거든요. 사람들은 그저 저를 '나쁜 아이'라고 몰아붙였어요. 제 IQ는 왜 그렇게 높았을까요? 왜 특정한 것은 잘 배웠는데, 다른 것들은 다 못했을까요?"

팀은 열아홉 살에 검정고시를 보고, 비로소 자신에게 필요한 학업의 길을 걷기 시작했습니다. 음악 학교에서 2년 동안 자신의 관심 분야를 공부할 수 있었고, 뉴욕 컬럼비아대학교의 작문 수업을 청강할 수 있었습니다. 이후 학업을 잠시 쉬었는데, 컬럼비아대학교에서 팀이 작문 수업의 우수한 청강생이었다는 점을 인정해 줘 정규 학생이 됐습니다.

컬럼비아대학교에 다니는 동안 팀은 채점의 기준과 절차가 자유롭기로 유명한 교수가 가르치는 수업이나 음악, 작문, 영화 등 자신이 이미 잘 알고 능숙한 과목을 선택하는 데 신중을 기했습니다. 결과는 성공적이었고, 마침내 사람들이 그의 독특한 재능을 배척하기보다는 인정하기 시작하는 시점에 이르렀습니다. 서른한 살의 팀은 고등학교 중퇴자에서 아이비리그 출신의 인재가 됐습니다. 팀은 자신의 흥미와 재능에 걸맞은 유망한 직업의 기회를 얻으며 졸업했습니다.

팀은 직업을 가진 어엿한 사회인이 됐습니다. 하지만 사회생활을 하면서도 여전히 무언가 이상했습니다.

"저는 음악 평론가나 작가처럼 다른 사람을 상대할 일이 거의 없는 외롭고 고독한 직업에서 매우 성공적이었어요. 저는 대부분의 일을 혼자서 했어요."

팀은 업무상 만나는 사람들과 적절한 관계를 맺기 어려웠습니다. 40대 중반에 가정을 꾸리고 세인트루이스 교향악단의 음악 고문 및 창작 위원장으로 취임한 후, 어렸을 때 경험했던 끔찍한 불안이 다시 찾아왔습니다. 팀은 리더십이 필요한 새로운 직위에서, 사람들의 생각을 추측해야 하고 동료들과 불편한 눈 맞춤을 해야 하는 의사소통에 어려움을 겪었습니다. 혼란과 스트레스로 인해 그는 이 직위에서 물러났고, 《워싱턴 포스트》에 글을 쓰는 일을 하게 됐습니다.

이즈음 팀은 둘째 아들이 자신과 비슷한 문제로 괴로워한다는 것을 알게 됐습니다. 그래서 치료사의 도움을 구했습니다. 치료사는 팀의 아들이 가진 복잡한 감정 기복과 우울, 불안 등의 증상을 주의력 결핍 과잉 행동 장애(ADHD)와 조현병(schizophrenia)으로 진단했습니다. 팀은 아들과 함께 치료사를 정기적으로 방문하며, 몇 년을 보냈습니다.

어느 날 치료사는 아들을 몇 년 동안 치료했음에도 나아지지 않은 것은 진단을 잘못했기 때문이며 마침내 해답을 찾았다고 했습니다. 치료사는 팀의 아들이 아스퍼거 증후군인 것 같다고 말했습니다. 그리고 아스퍼거 증후군은 사회적 단서를 해석하는 데 어려움이 있어 의사소통에 문제가 있고, 특정 주제에 강도 높은 관심을 가져 사회적으로 고립되는 경향이 있다고 설명했습니다. 그러고 나서 치료사가 덧붙였습니다. "아버님도 그걸 가지고 있는 것 같아요."

모든 사람이 사회라는 무대 위 배우, 우리에게는 대본 같은 매뉴얼이 필요하다

팀이 어린 시절부터 느낀 불안감, 혼란스러움, 외로움은 그의 인생 전반에 큰 영향을 미쳤습니다. 하지만 팀은 자신의 재능을 찾아 전문 직업인으로서 믿을 수 없을 정도의 큰 성공을 거두었습니다. 팀은 글쓰기와 음악적 재능을 살려 작가이자 퓰리처상을 수상한 음악 평론가가 됐습니다. 팀이 가진 자폐 성향은 전문 직업인으로 성공하는 데 큰 영향을 미쳤지만, 일생 동안 엄청난 불안과 외로움을 안겨 주기도 했습니다.

"저는 제 자폐 성향이 확실히 저를 괴롭히고, 많은 시간을 극도로 고통스럽게 했다고 확신해요. 하지만 자폐라는 성향이 없었다면 한여름에 책을 쓰거나, 세상사를 잊을 정도로 무언가에 완전히 몰입해서 하는 일을 계속하지 못했을 거라고 생각해요."

팀은 사람들과 상호작용을 하는 데 많은 어려움을 겪었습니다. 사회적 상호작용은 상대방의 얼굴, 목소리, 몸짓, 동작 등에 실려 있는 감정 신호를 읽는 것에서부터 시작됩니다. 하지만 팀은 이런 사회적 신호를 감지하고 해석하는 데 어려움이 있었고, 상대방에게 적절하게 반응할 수 없었습니다. 팀의 대화는 어딘가 늘 어색했고, 길게 이어지지 않았습니다. 팀은 2009년에 출간한 에세이집 《평행 놀이》[14]에 "만석인 매디슨 스퀘어의 관중 앞에서 즉흥적으로 서사시를 읊는 것이 맞은편에 있는 매력적인 낯선 사람에게 다가가 대화를 시작하는 것보다 훨씬 더 쉬울 것이다."(p.176~177)라고 썼습니다.

팀은 자폐인이 사회생활을 하기 위해서는 말로 직접 표현되지 않는 사회적 상호작용의 규칙을 설명하는 안내서나 지침서가 꼭 필요하다고 말합니다. 팀 자신이 지침서의 도움을 받았기 때문입니다. 팀은 청소년기에 어머니의 책꽂이에서 에밀리 포스트(Emily Post)*의 고전적인 책 《에티켓(Etiquette)》[15]을 발견했습니다. 에밀리 포스트는 이 책에서 '예의범절'로 일컬어지는 사회적 행동 양식을 제시하며, 이를 지켜야 하는 이유가 서로를 존중하고 편안하게 해 주기 위해서라고 명확히 설명했습니다. 팀은 에밀리 포스트의 설명에 납득되었고, 교훈으로 삼기 위해 이 책을 탐독했습니다.

"사춘기는 제 인생에서 가장 불행한 시기였지만, 저를 현실 세계로 이끌어 준 시기이기도 해요. 이때 저는 갑자기 여자 친구들과 함께 있고 싶었는데, 그럴 수가 없었어요. 제가 흥미를 가진 모든 것들이 TV 쇼에서 따분하다고 말했던 것처럼 여자애들의 관심을 끄는 것이 아니었거든요."

한창 사춘기였던 팀은 이성 친구에게 긍정적인 관심을 받고 싶다는 열망에 가득 차 있었습니다. 팀은 사회적 행동을 하는 목적이 논리적으로 설명된다면, 그것을 공부하고 내면화할 수 있다는 것을 알게 됐습니다. 하지만 공부는 쉽지 않았습니다.

---

*1872년에 태어난 미국의 작가이자 예절 전문가로, 사회적 상호작용에 필요한 예의범절과 규범의 표준을 정립해서 '에티켓의 대모'로 불립니다.

"많은 사람이 독일어를 배우는 데 어려움을 느끼지만, 저는 독일어보다 감정의 언어를 배우는 것이 더 어려웠어요."

팀에게는 사회적·정서적 언어들이 너무 낯설었습니다. 그래서 사람들이 일반적으로 학문을 배우는 방식과 유사한 방식으로 그것들을 흡수해야 했습니다. 팀은 〈평행 놀이〉[13]에서 "나는 애정, 동지애, 인간적 공감이라는 감정을 자연스럽게 체득하지 못하고 학습을 통해 힘들게 이해하게 되었다. 하지만 그렇다고 해서 내 감정이 진실하지 않다고 말할 수는 없다."(para.43)고 했습니다.

"어떤 면에서는 모든 사람이 배우예요. 저는 대중들 앞에서 연기하는 데 꽤 능숙해졌어요. 제게는 대본처럼 제게 주어진 역할이 무엇인지 이해할 수 있는 매뉴얼을 갖는 것이 큰 도움이 돼요."

사회성 기술 매뉴얼 사용의 이점

배리 프리전트와 톰 필즈메이어는 《독특해도 괜찮아》[7]에서 자폐인은 대개 의식적인 노력으로 사회적 행동을 배우고 실천한다고 했습니다. 특정 행동 교정에만 의존하는 것은 스트레스와 당혹감을 줄 수 있습니다. 그 대신 사회적 행동 가이드와 사회성 기술 커리큘럼은 보다 포괄적인 사회적 행동 목록을 제시하는 데 도움이 됩니다. 부모와 자폐인 모두 사회성 기술 커리큘럼을 사용하여 사회적 행동과 의사소통 기술을 가르치고 배울 수 있습니다.

예를 들어, 첫인상은 인생의 여러 측면에 큰 영향을 미칩니다. 사람들은 상대방을 처음 만났을 때 감지한 사회적 신호를 통해 그 사람의 '첫인상'을 인식합니다. 어색하거나 부정적인 상호작용을 일으키는 첫인상은 친구를 사귀는 데 방해가 될 뿐만 아니라 괴롭힘의 표적이 되게 할 수도 있습니다. 또한 좋지 않은 첫인상은 이성과의 데이트나 취업을 위한 면접에도 부정적 영향을 미칩니다.

의사소통에 어려움을 겪는 자폐인은 자신이 느끼는 어색함을 주체할 수 없다는 데 좌절감을 느끼거나, 자신이 왜 친구를 사귀거나 사람들과 관계를 맺는 데 어려움을 겪는지 끊임없이 궁금해할 수 있습니다. 사회성 기술 매뉴얼은 이들이 마주하게 될 상황에 보다 쉽게 대비하고 주변 사람들에게 더 좋은 인상을 남기는 데 도움이 될 수 있습니다.

또한 부모는 자폐 스펙트럼 아이에게 꾸준히 사회적 기준과 규칙에 대해서 알려 주려고 합니다. 하지만 자폐 스펙트럼 아이도 여느 아이들처럼 부모의 끊임없는 질책 아닌 질책에 짜증이 날 수 있습니다. 한편으로 부모도 자신의 아이가 스스로의 삶을 올바르게 살 수 없을 것이라는 불안감에 지칠 수 있습니다. 이럴 때도 사회성 기술 매뉴얼은 대안이 될 수 있습니다.

사회성 기술 매뉴얼에는 자폐인이 더 쉽게 받아들일 수 있는 객관적인 제3자의 조언이 담겨 있습니다. 특히 팀처럼 스스로 해결 방법을 찾고자 하는 자폐인이라면 더욱 도움이 될 것입니다. 팀의 사회적 성공은 자폐인들에게 희망을 줍니다. 많은 자폐인이 스스로 사회에 적응할 수 없다고 생각하고 힘들어합니다. 부모나 보호자는 아이에게 팀이 한 것처럼 에티켓에 관한 책을 읽도록 권장해 볼 수 있습니다. 아이가 선호하는 학습 방법과 일치한다면 말입니다.

'그렇게 할 수 없는' 실행 기능

팀은 직장 생활에서 겪었던 사회적 어려움의 원인이 실행 기능(executive functioning)의 결함에 있다는 것을 알게 됐습니다. 실행 기능이란 계획, 조직화, 예측, 집중, 기억, 시간 관리, 감정과 충동 조절 등에 대한 과거 경험을 현재 상황과 연결하는 정신적 능력을 말합니다.[16] 팀은 세인트루이스 교향악단에서 일할 때, 100명의 음악가와 25명의 행정 직원들을 관리해야 했습니다. 팀은 그 일이 자신에게 재앙이었다고 합니다. 또한 음악 외적인 수많은 업무를 감당할 수 없었다고 합니다. 음악 외적인 것들은 흥미롭지 않았고 신경을 쓸 수도 없었습니다. 팀은《평행 놀이》[14]에 "'그렇게 하지 않은 것'이 아니라 '그렇게 할 수 없었던 것'이다."(p.177)라고 썼습니다. 별로 놀랄 것 없이 팀은《워싱턴 포스트》에 글을 쓰는 일과 음악 평론가라는 "고독하고 약간 괴상한 직업"이 훨씬 편안했습니다.

브라이언 킹(09 인터뷰이)도 많은 자폐인과 마찬가지로 실행 기능, 특히 구조화와 우선순위 결정에 어려움을 겪었습니다. 예를 들어, 브라이언 킹은 프로젝트의 첫 번째 단계와 두 번째 단계를 파악하는 데 어려움을 겪습니다. 그는 이럴 때 종종 아내나 동료의 도움을 받거나 구글에서 참고할 만한 양식이나 시스템을 검색합니다. 이 전략은 어떤 일을 해내야 할 때마다 새로운 아이디어와 시스템을 만드느라 매번 어려움을 겪지 않게 해 주어 브라이언 킹의 삶을 더 편안하게 해 줍니다.

조디 반 드 웨터링(05 인터뷰이)은 자폐인이 실행 기능 문제에 대처하는 방법을 배우는 일의 중요성은 신경전형인들과 비교가 안 될 정도로 크다고 설명합니다.

"다른 사람들은 얇은 다이어리 하나만 있으면 되는 일을 타이머 세 개, 화이트보드, 끝없는 알림과 체크리스트가 필요하다는 사실이 가끔 실망스러울 때가 있어요."

조디 반 드 웨터링은 실행 기능 문제로 어려움을 겪을 때면 다른 사람들과 자신을 비교하거나 '세련되고 우아해 보이는 것'에 우선순위를 두지 않으려고 합니다. 그 대신 일을 완수하는 데 집중하고 당장 필요한 일을 하자고 스스로 다짐합니다.

미국의 국립학습장애센터(National Center for Learning Disabilities)에서는 실행 기능에 문제가 있는 아이는 다음과 같은 부분에서 어려움을 경험할 수 있다고 합니다.

- 복잡한 프로젝트 계획하기
- 프로젝트를 완료하기 위해서 얼마나 많은 시간이 걸릴지 이해하기
- 구두 및 서면으로 체계적이고 순차적인 방식으로 세부 사항을 전달하기
- 정보를 기억하고, 필요한 정보를 다시 장기 기억에서 꺼내기
- 활동이나 과제를 시작하거나, 독립적으로 아이디어를 생성하기
- 지금 무엇을 하고 있는지 놓치지 않고 다른 정보를 활용하며 작업할 수 있게 해 주는 기술인 작업 기억(working memory)[16]

부모는 자폐 스펙트럼 아이의 증상에만 초점을 맞추지 말고 근본적인 실행 기능 문제를 해결할 수 있는 방법을 찾아야 합니다. 《FLIPP* 스위치(FLIPP the Switch)》[17]와 같이 아이와 부모가 특정 유형의 실행 기능 문제를 해결하는 데 도움을 주는 책을 찾아보는 것도 좋습니다.**

---

*'FLIPP'는 Flexibility(유연성), Leveled emotionality(평정심), Impulse control(충동 억제), Planning(계획성), Problem-solving(문제 해결)의 약자로, 실행 기능의 주요한 요소입니다.

**《FLIPP 스위치》는 자폐 스펙트럼 아이만을 대상으로 하지 않습니다. 실행 기능 기술은 20대가 되어서야 완전히 발달합니다. 그래서 자폐 스펙트럼 장애 진단을 받지 않았더라도 실행 기능에 어려움이 있다면 이 책을 참고할 만합니다. 국내에서 출간된 도서 중에서는 《우리 아이를 변화시킬 수 있는, 실행기능 매뉴얼》(이경호, 2016) 등을 참고할 수 있습니다.

불안을 낮춰 준 명상

팀은 스무 살 때 여자 친구와 헤어진 후에 실행 기능 결함 문제에 대처할 수 있는 전략을 하나 발견했습니다. 팀은 여자 친구와 헤어지고 나서 극심한 상실감을 느꼈습니다. 하지만 상실감으로 무너지고 싶지 않았습니다. 팀은 자신이 겪고 있는 사회적·정서적 스트레스를 줄이기 위해서 친구에게 추천을 받은 명상 세미나에 참석했습니다. 명상은 팀의 긴장을 풀어 주었고, 불안감도 현저히 낮춰 주었습니다.

> "명상을 배운 것은 제가 불안을 해소하고 심리적 안정을 찾는 데 큰 도움이 되었어요."

팀은 음악 학교에 다닐 때나 컬럼비아대학교에서 작문 수업을 수강하고 학사 학위를 취득할 때도 명상의 도움을 받았다고 합니다. 또 《뉴욕 타임스》에서 일하기 위해 홀로 뉴욕으로 이사를 했을 때도 도움을 받았습니다. 팀은 명상이 더 독립적으로 행동하고 위험을 감수할 수 있는 강한 힘을 자신에게 주었다고 믿고 있습니다.

명상과 자폐

명상으로 건강에 도움을 얻었다는 일화는 많지만, 명상이 실제로 건강에 효과가 있는지는 아직 확고하게 입증되지 않았습니다. 그러나 명상의 효과를 지지하는 사람들은 명상이 유연성, 사회화에 대한 욕구, 변화에 적응하는 능력을 높이는 뇌의 영역인 전두엽 피질을 활성화한다고 주장합니다.[18]

또한, 명상은 자폐 스펙트럼 장애를 가진 많은 사람들이 경험하는 사회적 의사소통 및 사회적 행동과 관련된 불안을 줄이는 데 도움을 준다고 합니다. 건강 저술가인 베스 W. 오렌스테인(Beth W. Orenstein)은 건강 콘텐츠 디지털 매체인 《에브리데이 헬스(Everyday Health)》에 기고한 글에서 명상을 자폐 스펙트럼 아이를 도울 수 있는 '무비용, 무약물 치료'라고 주장했습니다.[19]

현재 미국 국립보건원(National Institutes of Health), 미국의학협회(American Medical Association), 미국심리학협회(American Psychological Association), 하버드대학교 의과대학 등의 여러 기관들이 명상의 잠재적 효과를 연구하고 있습니다. 또 2012년 학술지인 《자폐 연구 및 치료(Autism Research and Treatment)》에 명상을 요가와 마찬가지로 3세~14세 자폐 스펙트럼 아이의 잠재적 치료법으로 신체적·정신적 건강에 유의미한 효과가 있다고 결론을 내린 논문에 대한 리뷰 기사가 실리기도 했습니다.[20]

생각해 보기

- 단순한 강의가 아닌 아이의 학습 스타일에 맞는 방식으로 사회성 기술에 대한 조언이나 지원을 제공하려면 어떻게 해야 할까요?
- 아이가 특히 어려워하는 특정 실행 기능 과제는 무엇인가요?
- 아이가 매일 스스로 관리하는 방법을 배우려면 무엇을 지원해야 할까요?
- 명상이 아이에게 실행 가능한 중재 방법인가요? 명상을 시도하기 위해서는 어떤 정보나 지원이 필요할까요?

조디 반 드 웨터링(Jodie van de Wetering)

오스트레일리아 퀸즐랜드주를 거점으로 스탠드업 코미디, 즉흥 공연, 전통적이고 실험적인 연극을 하는 공연 예술가이자 작가, 연설가입니다. 오스트레일리아 공영 방송국인 ABC에서 기자, 리포터, 프로듀서로 오랫동안 일했고, 2024년에는 록햄프턴미술관 상주 예술가로 있었습니다. 다른 사람들에게 '좀 이상하고 까탈스러운 사람'으로 여겨졌던 조디는 20대 중반에 아스퍼거 증후군 진단을 받았습니다. 이후 다른 자폐인들로부터 배우고, 자폐 스펙트럼 장애에 대해서 연구하며, 자신이 누구인지를 알아 가고 있습니다.

05 | 조디 반 드 웨터링 인터뷰

운동 계획, 감각 처리 기능과 인지행동치료

아이에게 도움이 되는 치료를 찾는 방법

"저는 사람을 잘 믿지 않고,
필요할 때 도움을 청하는 것을 매우 꺼려요.
이것이 저의 인간적 본성 때문인지,
아니면 실제로 도움이 필요한 상황에서
아무도 도와주지 않았기 때문인지는 모르겠어요."

나를 완전히 무너뜨린 트램펄린

　트램펄린이란 기구는 운동 능력을 키워 주지만, 한편으로는 신체 조정 능력의 부족함을 부각하여 보여 주기도 합니다. 자폐 스펙트럼에 있는 조디 반 드 웨터링에게 트램펄린은 후자에 가까웠습니다. 조디가 다녔던 중학교에서는 한 학기 체육 수업으로 트램펄린을 연습시켰습니다. 조디는 자신의 운동 능력 문제를 숨길 수 없었습니다. 점프는커녕 트램펄린 위로 올라가는 것조차 조디에게는 버거운 일이었습니다. 딛고 올라갈 받침도 없었고, 조디를 도와주는 사람도 없었습니다.

　"분명히 어려움을 겪고 있는데 주변에서 아무도 도와주지 않아서 화가 났어요. 다른 아이들은 웃었고 선생님은 같은 지시를 계속 반복하시기만 했어요."

　또래 친구들은 쉽게 트램펄린에 올라갔지만 조디는 볼품없는 콩 자루처럼 몸을 끌어올려야 했습니다. 조디의 이런 모습은 웃음거리가 되었고, 조디는 자신이 그들과 다르다는 사실을 다시금 떠올리며 더욱 굴욕감을 느꼈습니다. 조디는 이미 어색한 걸음걸이로 놀림을 받았고, 예민한 놀람 반사 행동 때문에 괴롭힘을 당하고 있었습니다. 트램펄린 연습은 조디를 향한 조롱을 합당하게 만들어 주는 시작점이 됐습니다.
　조디는 수차례 시도 끝에 겨우 트램펄린 위로 기어올랐습니다. 하지만 곧바로 더 큰 문제에 직면하고 당혹했습니다. 엎드렸다가 다시 점프해야 했기 때문입니다.

　"이 동작은 저를 완전히 무너뜨렸어요."

조디는 아무리 노력해도 머리를 들고 일어설 수가 없었습니다. 조디가 이 동작을 할 수 없다는 것이 분명해지자, 선생님은 조디에게 손과 무릎을 짚고 엎드렸다가 다시 일어나는 것으로 바꾸어 시도해 보라고 했습니다. 선생님은 조디를 도우려고 그랬겠지만, 친구들에게 비웃음을 당하고 있던 조디를 충분히 배려하지 못했습니다. 선생님은 조디의 어려움을 예측하지 못했고, 친구들의 놀림을 대수롭지 않게 여겨 조디를 적절하게 지원하지 못했습니다.

"저는 트램펄린 사건 당시 큰 굴욕감을 느꼈어요. 제가 다른 아이들과 얼마나 다른지, 아이들의 반응이 어떨지 잘 알고 있었기 때문이죠."

운동적 어려움과 자폐

조디처럼, 많은 자폐인이 신체의 움직임을 계획하고 조정하는 데 어려움을 겪습니다. 이러한 어려움을 행동곤란증(dyspraxia) 또는 통합운동장애라고 합니다. 이로 인해 자폐인은 걸음걸이가 불편하거나 스포츠 활동에 어려움을 겪으며, 행동이 전반적으로 서툴러 보입니다.[21] 자폐인은 자신의 몸이 공간 어디에 있는지 또는 신체의 어느 부분과 닿았는지 즉, 공간 위치와 공간 관계를 인식하는 데 어려움을 겪습니다. 또 행동곤란증의 한 유형인 언어 곤란증(verbal dyspraxia)을 갖고 있으면 말하고 씹고 삼키는 근육을 조정하기 어렵습니다. 이런 문제들이 해결되지 않으면, 학교나 직장 생활은 물론 일상생활에서도 심리적 압박감을 느낄 수 있습니다. 움직임 조정이 잘 안 돼 시간 관리가 어렵기 때문입니다. 지금까지 자폐인의 감각과 운동 문제는 다른 영역보다 주목받지 못했습니다. 하지만 최근 럿거스대학교와 인디애나대학교의 교수들이 자폐 스펙트럼 장애 진단과 치료에 도움이 될 미세한 신체 발달을 측정하는 도구를 연구 및 개발했습니다.[22] 이 도구

> 는 움직임의 변화를 추적하여 정상 발달한 아이들과 자폐 스펙트럼 아이의 패턴
> 을 비교하게 해 줍니다. 이 도구를 이용하면 좀 더 이른 시기에 자폐를 진단할 수
> 있습니다. 그러면 중재와 지원을 더 빨리 시작할 수 있을 것입니다.

그래도 운동은 어릴 때부터

조디는 트램펄린 사건과 같은 경험 때문에 운동이나 신체 활동을 피하게 되었는데, 이는 안타까운 일이었습니다. 운동을 더 했었더라면, 조디의 운동 계획(motor planning) 능력이 향상될 수도 있었기 때문입니다. 조디도 운동이 건강에 도움이 된다는 것을 압니다. 하지만 조디는 여러 가지 일을 처리하기 위한 에너지의 양과 정신적인 능력이 한정되어 있을 때면 해야 할 일 목록에서 운동을 맨 아래에 두게 된다고 말합니다.

조디는 운동 문제를 겪는 자폐인이라면, 운동 기술 발달 프로그램에 참여할 때 감각 처리 문제를 다룰 수 있는 작업치료사 같은 전문가의 조언을 구해야 한다고 합니다.

> "저처럼 서른 살이 다 될 때까지 그냥 기다리면 행동 패턴을 바꾸기
> 가 훨씬 어려워요. 최대한 어려서부터 시작하는 걸 추천해요."

운동 기술뿐 아니라 사회성 기술도 일찍부터 전문가의 도움을 받는 것이 좋습니다. 벤 카트제(03 인터뷰)는 자폐를 자아 정체성의 일부분이라고 생각하고 치료에 대해 의문을 갖고 있지만, 사회생활에 큰 지장을 준다면 전문가의 도움을 받는 것이 필요하다고 생각합니다.

"저는 치료를 강조하는 건 좀 불쾌해요. 자폐가 완치될 수 있다고 생각하지 않거든요. 하지만 당사자가 자폐 스펙트럼 장애의 영향을 심각하게 받는다면, 저는 부모님들에게 아이에게 치료의 도움을 주라고 권하고 싶어요."

사회성 기술보다 근원적인 감각 처리 문제

조디는 신체적 혹은 사회적 결점을 다루기 전에, 먼저 감각 처리 문제에 접근하는 것이 중요하다고 말합니다. 특히 도움이 된다고 생각한 방식은 검사와 면담을 통해 먼저 구체적인 약점과 감각 민감성(sensory sensitivity)을 확인한 다음 치료사와 함께 문제를 해결하는 것이었습니다.

조디는 감각 문제를 확인하고 해결하는 과정이 자폐 스펙트럼 장애에 대한 치료적 접근의 필수적인 출발점이라고 말합니다. 사람은 감각을 통해 세상을 인식하고 세상과 상호작용하는데, 감각 민감성이 높으면 이런 일들을 하기 어렵기 때문입니다.

"저는 연구와 치료라는 측면 모두에서 사회성 기술을 너무 많이 강조해 왔다고 생각해요. 자폐인이 감각 민감성 때문에 얼마나 고통을 겪는지 알지 못하기 때문에 눈으로 보이는 사회성 기술에 치중하는 것 같아요. 하지만 개인적인 경험으로 볼 때, 감각 민감성이 적절하게 통제될 때 사회성 기술 수행도 훨씬 더 쉬워져요. 고통스러울 때 사교적인 사람이 되기란 누구에게나 어렵잖아요."

조디는 감각의 민감성이 사람마다 다르기 때문에 개별 치료가 집단 치료보다 훨씬 더 효과적이라는 것을 알게 됐습니다. 조디의 말처럼 사회성 기술 접근 방법은 한 사람이 가진 불편함의 근본적인 원인을 밝혀낸 다음, 원인에 따라 그 사람이 사회적 상황에서 겪는 불안과 스트레스를 관리할 수 있게 맞춤형으로 지원할 때 가장 효과적입니다.

조디는 부모들에게 아이의 치료사들과 치료 때 사용할 감각적 접근법에 대해 충분히 논의하고 소통하라고 조언합니다. 부모는 가정에서 아이에게 사랑을 주고, 편안한 분위기를 조성할 수 있습니다. 그리고 치료사에게 아이의 감각 처리 문제가 어떤 상황이나 무엇으로 통제 효과가 있었는지 이야기해 주어야 합니다.

인지행동치료가 효과를 거두려면

조디는 사회생활 중에 느끼는 불안을 더 잘 관리하기 위해서 인지행동치료(Cognitive Behavioral Therapy, CBT)에 참여했습니다. 인지행동치료는 행동이 그 사람의 생각이나 감정과 얽혀 있다고 가정합니다. 그래서 치료의 목표가 당사자가 스스로 어떻게 생각하고 느끼는지 더 잘 인식하도록 함으로써 바람직하지 않은 행동을 촉발하는 요인을 구별하고 동일한 상황이 왔을 때 더 효과적으로 행동을 관리할 수 있도록 하는 데 있습니다.[23]

인지행동치료는 증상 평가, 교육 및 훈련 등의 과정을 포함합니다. 치료 참여자들이 지역 사회의 적절한 자원이나 추가적인 치료법을 찾는 데 도움을 주기도 합니다. 인지행동치료는 우울증, 불안, 외상 후 스트레스 장애(PTSD), 강박 장애(obsessive-compulsive disorder) 등 다양한 조건을 가진 사람들을 돕기 위해서 활용됩니다.

조디는 불안을 다스리기 위해 인지행동치료에 참여했지만, 안타깝게도

별 도움을 받지 못했습니다. 예를 들어, 조디는 치료 시간 동안 과거 상황을 분석해 보라는 지시를 받았습니다. 하지만 조디는 이런 치료가 무의미하게 여겨졌습니다. 감정이나 반응이 이미 일어난 상태에서는 자신의 행동을 통제하기 어려웠기 때문입니다. 결국 조디는 과거의 행동에서 바람직하지 못했던 점을 파악하고 변화시키는 기술을 배우긴 했지만, 현실에서 적용하지 못했습니다. 게다가 조디가 학습한 기술은 절차가 너무 복잡해서 실제 상황이 벌어졌을 때 이를 기억해서 실행하기도 어려웠습니다.

조디는 자폐인들이 치료법을 선택할 때 자신에 대한 정보를 치료사에게 많이 제시할수록 효과를 거둘 가능성이 높다고 생각합니다. 좀 더 구체적으로 말하면, 인지행동치료나 다른 치료에서 다룰 문제를 정의하는 데 있어, 당사자가 겪고 있는 어려움이 무엇이고, 필요한 것이 무엇인지 분명히 알리는 일이 치료의 효과를 높이는 데 중요한 요소가 된다는 말입니다.

자신의 어려움을 정의하는 과정은 조디에게 중요한 변화를 주었습니다. 특히, 자신의 특정한 감각 민감성을 구별하게 된 후에는 더욱 그러했습니다. 조디는 감각 문제를 다루는 일이 얼마나 중요한지 깨달았습니다. 감각 문제가 세상을 인식하는 방법과 깊이 연관되어 있다고 생각하게 되었기 때문입니다.

> "사실 사회성 기술은 제가 더 행복하고 활동적인 삶을 살기 위해 갖추고 싶은 기술 목록 중에서 낮은 순위에 있어요. 하지만 치료사들에게 사회성 기술은 자폐인들에게 중재해야 한다고 말하고 싶은 첫 번째, 보통은 유일한 기술이 되곤 해요."

조디는 자신에게 자폐 스펙트럼 장애가 있다는 진단을 20대 중반에 받았습니다. 우울증과 불안증을 진단받은 지 거의 10년이 지났을 때였습니다. 조디는 자폐 진단 자체가 그 어떤 치료보다 도움이 되었다고 말합니다. 자신에게 필요한 도움이 무엇인지 알게 되었기 때문이었습니다.

"첫 번째로 든 감정은 믿을 수 없을 만큼 큰 안도감이었어요. 저는 오랫동안 제게 '잘못된' 것이 있다고 생각했어요. '자폐'라는 이름을 알고 자폐에 대해 배우게 된 일은, 아마도 어떤 치료보다도 '치료적'이었을 거예요. 또한, 자폐라는 이름을 가진다는 건 온라인에서 자폐인 커뮤니티를 찾을 수 있다는 걸 의미했어요. 그리고 이 커뮤니티 역시 제게 큰 도움이 되었어요."

생각해 보기

- 아이의 운동 기술을 발달시키는 동시에 사회화 기회를 제공하는 데 도움이 되는 활동에는 어떤 것이 있을까요?
- 아이는 어떤 감각 민감성을 가지고 있나요? 또 치료 과정에서 잠재적으로 악화될 수 있는 가능성이 있나요?
- 아이의 감각 민감성에 관한 목록을 작성했나요? 아이가 새로운 환경에서 감각 문제를 해결하도록 어떻게 도와주고 있나요?

캐시 그레이(Kathy Gray)

아시아에서 태어나 두 살 때 미국으로 입양됐습니다. 콜로라도주에 있는 대학교에서 인간 발달과 가족학으로 학사 학위를 받았습니다. 병원, 발달장애 성인을 위한 그룹 홈, 가정 보육, 유치원 교육 등 다양한 교육 서비스 환경에서 일했던 경험이 있습니다. 2014년에 결혼했고, 남편, 의붓아들과 주말을 보내고, 블로그에 글을 쓰는 것을 즐깁니다.

06 | 캐시 그레이 인터뷰

자폐 행동 '교정'과 치료의 윤리적 과제

할 수 없는 것이 아니라
할 수 있는 것을 늘려 주세요

"누군가 당신의 정체성을 빼앗아 망치로 부숴 버려서
당신이 산산이 부서진 조각들을 갖게 된 것과 같아요.
그런데…… 음, 그게 많은 걸 깨닫게 해 줬어요.
내가 누구인지 설명할 수 없었던
잃어버린 한 조각이 바로 자폐였던 거예요."

디즈니랜드 모노레일로부터 배운 것

캐시는 여덟 살 때, '지구상에서 가장 행복한 곳'으로 꿈꿨던 디즈니랜드로 엄마와 휴가를 떠났습니다. 캐시는 도착하자마자 보라색 모노레일을 발견했고, 금방 반해 버렸습니다. 캐시는 모노레일이 공중에 떠 있는 트랙을 따라 돌면서 공원의 다양한 풍경들에 대한 설명을 들려주는 점이 좋았습니다. 디즈니랜드를 모험했던 3일간 캐시는 모노레일에서 나오는 녹음 방송을 전부 암기했고, 탈 때마다 녹음 방송을 따라 말했습니다. 그리고 공원의 다른 놀이기구를 탈 때도 모노레일에서 나오는 녹음 방송에 귀를 쫑긋하며 따라 했습니다. 캐시는 어딜 가더라도 모노레일에 관해 이야기했고, 모노레일에 흠뻑 빠져 노래까지 만들었습니다.

캐시의 엄마는 모노레일에 대해 캐시만큼 열정을 가지고 있지 않았습니다. 엄마는 캐시에게 물었습니다. "모노레일을 계속 이야기해야 하니? 학교 친구들에게도 그러니?" 캐시는 엄마를 화나게 한 게 속상해 울기 시작했습니다. 사실 캐시는 당황했습니다. 캐시는 무엇을 잘못했는지 이해할 수 없었습니다. 하지만 모노레일에 대한 이야기는 하지 말아야 한다는 것만은 알았습니다. 캐시는 더는 자신이 원하는 만큼 기쁘게 휴가를 즐길 수 없었습니다.

"저는 저 자신이 바보 같다고 생각했어요. 모노레일에 대해 이야기하고 또 이야기해서 엄마를 화나게 했으니까요. 그 휴가는 제 머릿속에 모노레일에 대해 계속 말하는 것은 엄마를 화나게 하니까 쥐 죽은 듯이 있어야 한다는 생각을 심어 놓았어요."

캐시는 훨씬 후에야 이때의 경험을 분석적으로 되새길 수 있었습니다. 캐시는 이제 왜 자신이 관심 있는 주제에 대해 길게 이야기하는 경향이 있는지 이해하게 됐습니다.

"저는 제가 집착하는 것이나 특별한 관심사에 대해 말해야만 해요. 왜냐하면, 제 뇌가 그것으로 꽉 차 있기 때문이에요. 하지만 이건 적절하게 전환할 수 있어요. 불행하게도 이 모든 일이 벌어졌던 1993년에는 세계적으로 유명한 자폐인 작가이자 동물 복지 개념을 도입한 축사 설계자인 템플 그랜딘과 소수의 자폐 스펙트럼 장애 전문가들만이 그 사실을 알고 있었어요."

캐시는 진정한 친구들만은 조금은 유별난 자신의 이러한 점을 받아들여 준다는 사실도 알게 됐습니다. 그래서 자신의 대화를 억지로 점검하거나, 친구들이 짜증을 낼까 봐 어떤 주제를 피할 필요를 느끼지 못했습니다.

캐시가 자폐 스펙트럼 성인을 위한 집단 거주 시설인 그룹 홈에서 일할 때였습니다. 그룹 홈 거주자 중 한 명이 캐시에게 디즈니랜드 휴가의 즐거웠던 경험을 다시 떠오르게끔 했습니다. 그는 캐시에게 낯익은 보라색 선이 그어진 기차와 레일 조각으로 가득 찬 상자를 보여 주었습니다.

"그때 저는 엄마를 화나게 했던 제 바보 같은 '집착'이 생각났어요. 하지만 그 순간 저는 부끄러움을 느끼기보다는 그에게 깊은 유대감을 느꼈어요."

그는 캐시가 모노레일 트랙을 함께 조립하는 걸 흔쾌히 허락해 주었습니다. 캐시는 그와 함께 조립하면서 자신이 열정을 가졌던 디즈니랜드 모노레일에 대한 이야기도 마음 편하게 나누었습니다.

열정과 특별한 관심사,
집착으로 보기 vs 링크를 걸기

 디즈니랜드에서 캐시는 모노레일에 대한 자신의 조금 지나친 관심 표현에 엄마가 짜증을 내서 혼란스러웠습니다. 그래서 일단 그 주제를 피해야 한다고 생각했습니다. 성인이 된 캐시는 그와 비슷한 상황에 놓이면 자신이 갖는 불만을 더 잘 표현할 수 있습니다. 예를 들어, 캐시는 무언가에 열정이 생겨 흥분하거나 집착할 때 고함을 지르는 행동은 자신에게 도움이 되지 않는다는 걸 압니다. 만약 어떤 자폐인이 신경전형인의 사회에 적응하고 싶은데 특별한 관심사가 적응에 방해가 된다면, 그는 흥분을 적절하게 전환시키는 방법을 배울 수 있습니다. 부모는 아이가 이 방법들을 배울 수 있도록 도와줄 수 있습니다.

 공공장소에서 야단치지 않기 낯선 사람들 앞에서 꾸짖으면 아이는 당황하거나 겁을 먹을 수 있습니다. 자폐 스펙트럼 아이는 더욱 그럴 수 있습니다. 공공장소는 자폐 스펙트럼 아이가 불안을 느끼는 장소입니다. 캐시는 공공장소에 가면 조용히 하거나 가만히 있는 등 안정을 찾는 데 온 신경을 쏟게 되었고, 그로 인해 어머니가 전달하려는 가르침에 대해서 더 집중할 수 없었습니다.
 공공장소에 갈 때, 자폐 스펙트럼 아이의 행동을 적절하게 중재해야 한다고 생각한다면 외출 전 아이에게 미리 적절한 행동이 무엇인지 알려 주고, 예상하지 못한 부적절한 행동을 한다면 공공장소에서 벗어나 적절한 행동이 무엇인지 알려 주는 것이 좋습니다.

 아이의 특별한 관심사를 활용하기 아이들에게 학업적·사회적 동기를 부여하는 데 아이들의 특별한 관심사와 열정을 사용하는 것입니다. 배리 프리전트와 톰 필즈메이어는 《독특해도 괜찮아》[7]에서 자폐 스펙트럼 아이가 가진 특별한 관심사나 열정의 중요성을 이렇게 설명합니다. "비록 어려움이 따르기는 하지만, 특정 영역에 대한 열정은 자폐인에게 큰 잠재력으로 나타나는 경우가 많다."(p.70) 부모와 교사는 아이의 열정을 사회 참여에 대한 동기 부여와 문제 해결 기술을 발전시키는 데 사용할 수 있습니다. 캐시의 모노레일에 대한 특별한 관심을 예로 들어 보겠습니다. 교사는 모노레일을 소재로 한 이야기 형식의 수학 문제를 출제해서 캐시가 문제를 해결하도록 가르칠 수 있었습니다. 또, 모노레일 장난감 세트를 사용하여 공유하기, 차례 지키기, 대화 시작하고 이어 나가기 같은 중요한 사회성 기술을 가르칠 수도 있었습니다.

"저는 제 특별한 관심사를 제가 벌을 받은 이유로 바라보지 않고 하나의 틀로 보고 싶어요. 그리고 그것들이 제 수치심을 일으키는 원인이 되지 않기를 바라고 있어요."

캐시의 바람과 달리 선생님들은 캐시를 이런 방식으로 가르치지 않았습니다. 다행히 캐시에게는 캐시의 특별한 관심사를 인정해 주고 긴 시간 동안 함께 이야기를 나눠 주는 친척들이 있었습니다. 예를 들어, 삼촌은 '웹 페이지'라는 비유를 사용해 캐시가 특별한 관심사를 확장하고 새로운 것을 배우도록 격려했습니다. 당시 캐시의 특별한 관심사는 존 F. 케네디였습니다. 삼촌은 한 웹 페이지에 있는 링크를 따라 다른 웹 페이지로 넘어가듯, 케네디라는 중심 주제와 관련 있는 1960년대의 정부 정책이나 생활 같은 다른 주제들을 배울 수 있다고 알려 주었습니다.

아이가 일상생활이 어려울 정도의 특별한 관심사를 갖고 있다면, 부모는 아이가 열광하고 흥분하는 것을 우선 인정해 주어야 합니다. 그리고 이 관심사를 이용해 새로운 기술을 배우도록 지도할 수 있습니다. 강렬한 열정, 집중, 열심, 이 세 가지는 인생에서 많은 성공을 거두는 데 바탕이 되는 요인들입니다. 부모는 칭찬을 통해 아이가 이 특성을 잘 활용할 수 있게끔 해야 합니다.

아이의 행동과 감정을 인정하기 캐시는 부모가 아이의 행동을 중재할 때 아이가 어떻게 느끼고 있는지를 인식하는 것이 중요하다고 강조합니다. 캐시는 그룹 홈에서 일할 때 자폐 스펙트럼 성인 남성들에게 허용되지 않는 공격 행동을 안내해 줘야 했습니다. 캐시는 금지 이유를 설명하기 전에, 그들이 느끼는 힘듦에 대한 이해를 표하고, 공격적인 행동에 대해 다음과 같이 말하면서 접근했습니다. "여러분이 지금 힘들어한다는 걸 잘 알고 있습니다. 하지만 물건을 던지거나 발로 차는 건 안전하지 않아서 곤란합니다." 또한, 캐시는 그룹 홈 거주자에게 어떤 욕구를 알리고 싶을 땐 공격적인 행동 대신 손짓이나 몸짓 언어를 활용하라고 권했습니다.

자폐인들의 좋은 행동을 충분히 인정해 주면, 그들은 자신이 하는 모든 행동이 아니라 적절하지 않은 행동만 하지 않거나 바꾸면 된다는 것을 스스로 받아들일 수 있습니다. 자폐인에게는 다른 사람들이 자신의 좋은 점과 자신이 매일 노력한다는 것을 알아준다는 점이 참으로 중요합니다.

왜 눈 맞춤을 고집하나요?

자폐인에게는 작업치료(Occupational Therapy, OT), 언어치료(Speech-language Therapy, ST), 물리치료(Physical Therapy, PT), 인지행동치료(CBT), 사회성 기술 훈

련(Social Skills Training, SST), 응용행동분석(Applied Behavior Analysis, ABA) 등 다양한 치료적 중재가 널리 사용되고 있습니다. 캐시는 치료적 중재가 많은 자폐인들에게 중요하다고 생각합니다. 하지만 캐시는 치료적 중재 중 일부는 자폐인을 존중하거나 자폐 증상에 효과적이지 않다고 목소리를 높입니다. 치료적 중재가 이뤄지는 과정에 윤리적인 쟁점이 존재하는 걸 목격했기 때문입니다.

리디아 웨이먼(07 인터뷰이)도 캐시의 견해에 동의합니다. 리디아 웨이먼은 행동치료에 대한 경험이 '악몽'이었다며 이렇게 말합니다.

> "응용행동분석 치료법의 성패는 전적으로 치료 목표를 설정하는 사람에게 달려 있어요. 치료를 받는 사람이 아니라요."

캐시는 치료사가 눈 맞춤과 같이 자폐인에게 스트레스를 주는 행동을 할 때 세심하게 주의를 기울여야 한다고 말합니다. 템플 그랜딘과 리처드 파넥은 공저한 책 《나의 뇌는 특별하다》[1]에서 자폐인이 눈 맞춤에 어려움을 겪는 이유를 자폐인의 독특한 뇌에서 일어나는 신경학적인 패턴을 들어 다음과 같이 설명합니다.

"《자폐와 발달장애 저널(Journal of Autism and Developmental Disorders)》에 게재된 2011년 fMRI(functional MRI, 기능적 MRI) 연구에서는 고기능 자폐인과 전형적으로 발달한 사람들의 두뇌가 상반된 방식으로 눈 맞춤에 반응하는 것으로 보인다는 결과를 확인했다. 신경전형인의 뇌에서는 오른쪽 측두엽 접합부(Temporoparietal Junction, TPJ)가 직접적인 눈 맞춤을 할 때 활성화되었다. 반면에 자폐인의 뇌에서는 오른쪽 측두엽 접합부가 눈 맞춤을 회피할 때 활성화되었다. 연구자들은 측두엽 접합부가 다른 사람의 정신적 상태에 관한 판단을 포함하는 사회적 작업과 연관되어 있다고 생각한다. 연구에서는 왼쪽 전두엽의 위쪽 피질에서 서로 반대되는 패턴을 발견했다. 신경전형인의 경우 눈 맞춤을 회피할 때 활성화되었는데, 자폐인의 경우 직접적인 눈 맞춤을 할 때 활성화되었다. 따라서 이 결과는 자폐인이 눈 맞춤에 반응하지 않는 것이 아니라, 그들의 반응이 신경전형인과 반대라는 걸 보여 준다."(p.35)

템플 그랜딘과 리처드 파넥은 이 연구 결과를 다시 인용하면서 이렇게 결론을 내렸습니다. "신경전형인이 눈 맞춤을 하지 않을 때 느끼는 감정은 자폐인이 눈 맞춤을 할 때 느끼는 감정과 같을 수 있다. 반대로 신경전형인이 어떤 사람과 눈 맞춤을 했을 때 느끼는 감정은 자폐인이 누군가와 눈 맞춤을 하지 않았을 때 느끼는 감정과 같을 수 있다."(p.35~36)

자폐인들에게는 눈 맞춤을 하는 행동이 불편하고 혼란스러울 수 있습니다. 안젤라 앤드루스(12 인터뷰이)도 눈 맞춤에 대한 불편함을 강하게 드러내며 이렇게 말했습니다.

"다른 사람의 눈을 보면, 속이 뒤집혀요."

특수교육 전문가인 로젤라 스튜어트(Rozella Stewart)는 〈우리가 자폐 스펙트럼 장애를 가진 사람과 눈 맞춤을 고집할 필요가 있나요?(Should We Insist on Eye Contact With People Who Have Autism Spectrum Disorders?)〉[24]라는 제목의 글에서, "가끔은 '눈 맞춤을 하는 것'이 '준수와 지시에 따르기' 훈련을 평가하는 척도에서 높은 순위를 차지하곤 한다."(para.6)라고 썼습니다. '눈 맞춤'을 치료적 중재의 효과로 높이 평가하는 데 문제를 제기한 것입니다. 로젤라 스튜어트의 지적을 뒷받침하듯, 자폐 스펙트럼 성인과 그 가족들은 눈을 마주치는 행동이 의사소통의 유일한 방법이라고 단정하지 않습니다. 로젤라 스튜어트는 글에서 자폐 스펙트럼 장애 진단을 받은 이들의 여러 사례를 들었는데, 그중 한 남자가 이렇게 말했다고 합니다. "당신이 눈 맞춤을 고집한다면, 나는 당신의 눈을 다 보고 나서 당신의 동공이 몇 밀리미터 변했는지도 말할 수 있을 겁니다."(para.7)

응용행동분석이 효과적인 치료적 중재로서 광범위한 인기를 얻고 있지만, 주로 자폐인인 자기 옹호자들 사이에는 이 접근법에 대해 저항의 기류가 있습니다. 문제는 행동주의(behaviorism)*나 응용행동분석 그 자체의 철학에 있는 것이 아니라, 이것들이 어떤 방법으로 실행되느냐에 있습니다. 에이미 그라비노(08 인터뷰이)는 이렇게 말합니다.

"응용행동분석은 아이스크림과 같아요. 아이스크림의 맛이 여러 가지인 것처럼 가르치는 방법은 다양해요."

에이미 그라비노의 말은 응용행동분석뿐만 아니라, 다른 치료적 중재에도 모두 해당될 것입니다.

치료적 중재와 관련된 중요한 윤리적 문제는 치료 프로그램의 계획 및 실행에 대한 권한의 차이에서 옵니다. 만약 자폐인이 자발적으로 특정 치료를 신청하지 않았다면, 다른 누군가가 임의로 자폐인의 요구가 무엇인지 결정했다는 뜻입니다. 다른 많은 사람처럼, 캐시도 사회적 행동에 관한 질문에 답을 줄 수 있는 심리치료사를 찾아 도움을 받았습니다. 처음에는 진단 후 일주일에 한 번 심리치료사를 찾아갔고, 나중에는 한 달에 한 번으로 조정했습니다. 심리치료사는 캐시가 성인이 될 때까지 사회생활을 해 나가

---

*인간의 심리를 객관적인 관찰과 예측이 가능한 행동을 통해 연구하는 심리학 학파입니다. 행동주의에서는 인간의 행동을 외적 환경의 자극과 내적 사건이 상호작용하여 일어나는 반응으로 이해합니다.

는 과정에 도움을 주었습니다. 그리고 다른 사람들이 하는 행동들을 이해할 수 있게 해 주었습니다.

캐시는 심리치료사와 프로그램의 내용을 협의했던 덕분에 치료가 효과적이었다는 것을 깨달았습니다. 캐시가 만났던 심리치료사는 캐시가 그동안 만났던 또래 친구들이나 어른들과 달랐습니다. 캐시를 무시하거나 질책하지 않았고, 캐시의 이야기를 경청하고 지지해 주었습니다. 캐시는 그 심리치료사를 만난 걸 감사하게 생각했습니다.

응용행동분석 치료에 대한 참고 사항

캐시는 응용행동분석에 근거한 치료를 받은 적이 없지만, 이 치료는 자폐 스펙트럼 아이들에게 일반적으로 행해지고 있습니다. 그런데 이 방법은 많은 자폐 스펙트럼 성인들에게 비난을 받고 있습니다. 응용행동분석 치료는 임상심리학자 올레 이바르 로바스(Ole Ivar Lovaas)가 1987년에 19명의 미취학 아동에게 강도 높은 행동 중재를 한 후 얻은 효과에 관한 획기적인 연구를 발표하면서 대중들의 주목을 받았습니다. 7세까지 치료를 받은 집단은 통제 집단보다 상대적으로 통합 교육을 하는 학교에 적응하는 데 어려움을 덜 겪고 IQ도 더 높게 나타났습니다. 올레 이바르 로바스는 후속 연구를 통해 1993년에 응용행동분석 치료가 자폐 스펙트럼 아이들에게 지속적으로 효과가 있다는 증거를 제시했습니다.[25] 유럽에서 최근 실시된 연구에서는 가정 기반의 응용행동분석 치료 프로그램을 시행한 15개 가정을 추적한 결과를 내놓았는데 사회성 기술, 문제 행동 중재, 의사소통 기술, 운동 기술, 삶의 질 등에 긍정적인 영향이 있었다고 보고했습니다.[26] 그동안 응용행동분석 치료 프로그램은 상당한 비용이 들었습니다. 2년 이상 주당 20~40시간의 집중적인 일대일 치료를 하기 때문입니다.[27] 응용행동분석 치료와 기타 행동치료의 효과가 입증되자 최근 미국의 39개 주는 보험사가 치료

비를 분담케 하는 자폐 보험 개혁법을 채택했습니다.[28] 응용행동분석 치료의 긍정적인 효과를 보고하는 연구들이 발표되고 인정받고 있지만, 자폐인 커뮤니티에서는 여전히 응용행동분석 치료의 실행 방식에 대한 윤리적 논쟁이 많습니다.

로봇처럼 하는 행동 말고
자연스럽게 하는 행동을 배우려면

치료실 중심 치료의 한 가지 단점은 학습하는 행동이나 기술이 변수가 많은 실제 환경에서 훈련되지 않는다는 점입니다. 어떤 사람들에게는 구조화된 환경에서 훈련하는 것이 필요할지 모르지만, 캐시는 또래들과의 정기적인 놀이 모임이나 형제자매와 일상생활을 할 때와 같이 덜 통제된 환경에서도 배울 수 있는 것이 많다고 말합니다. 치료를 할 때 이러한 자연스러운 상황을 설정하면 보다 폭넓은 환경에 필요한 귀중한 삶의 경험을 줍니다.

쇼나 힌클(10 인터뷰이)은 치료실 중심 응용행동분석을 싫어하고, 응용행동분석이 "로봇 같지 않게, 더 일상적인" 환경에서 이뤄지는 걸 좋아합니다. 이렇게 접근하는 방식 중 하나로 '자연적 환경 교수(Natural Environment Training, NET)'**를 들 수 있습니다. 자연적 환경 교수 치료는 아이의 집이나 도서관, 공원, 식료품점과 같은 공공장소에서 실행할 수 있습니다.[29] 이 교수

** 환경 교수법이라고도 합니다. 치료실 중심의 응용행동분석 치료에 대한 보완 또는 대안적 접근법입니다. 보통 가정, 학교, 지역 사회 등 아동에게 자연스러운 환경 안에서 응용행동분석의 원리를 적절하게 접목하여, 의사소통 기술, 사회성 기술, 자조 기술 등을 가르치며, 배운 기술에 대한 실제 상황이나 환경에서의 일반화를 도모하는 중재 방법입니다.

법의 목표는 실생활 환경에서 행동이나 기술을 훈련시켜 생활 전반으로 일반화하여 활용하도록 하는 데 있습니다. 자연적 환경 교수를 하는 치료사나 중재자는 아이의 관심사가 무엇인지 파악하고, 아이가 지속적으로 하는 활동을 수업에 통합하여 가르치려고 노력합니다.

말할 수 없어도, 말할 수 있어도 부모에게 바라는 것

비구어 자폐 스펙트럼 아이를 둔 부모들은 아이가 의사소통 판이나 음성 증강 장치, 음성 생성 장치(Speech Generating Devices, SGDs)를 사용할 수 있게 된 뒤, 종종 아이에 대해 놀라운 사실을 알게 됐다고 말합니다. 2012년에 나온 책《황금 모자(The Golden Hat)》[30]에서 설명한 것처럼 아이가 특정 색깔이나 음식을 좋아한다고 생각했는데 사실은 그렇지 않았던 겁니다. 이처럼 만약 부모가 아이가 좋아하는 색깔 같은 기본적인 것조차 잘못 이해한다면, 특정한 치료법의 복잡성에 대해서도 잘못된 견해를 가질 수 있습니다.

아이가 구어를 사용할 수 있다면, 부모는 아이의 열정과 불만을 상대적으로 쉽게 이해할 수 있습니다. 그래도 부모는 아이의 말에 공감하는 연습을 꾸준히 해야 하고, 아이가 부모와 다른 요구와 우선순위를 가질 수 있다는 사실을 잊어버리지 않도록 유의해야 합니다.

생각해 보기

- 아이의 특별한 관심사가 (아직 그렇지 않다면) 좀 더 생산적인 것으로 연결되려면 어떻게 해야 할까요?
- 공공장소에서 다른 사람들이 아이의 행동을 부정적인 시선으로 보거나 노골적으로 불쾌감을 드러낼 때, 어떤 방식으로 아이를 옹호할 수 있을까요?
- 아이가 어떤 행동을 바꾸기를 원하나요? 이유는 무엇인가요?
- 눈 맞춤을 계속하려고 시도할 때 아이는 어떻게 느낄까요?

리디아 웨이먼(Lydia Wayman)

자폐인 작가이자 연설가입니다. 리디아는 사람들에게 '차이점에도 불구하고'가 아니라 바로 그 차이점 덕분에 타인의 위대함을 발견하도록 격려하는 자기 옹호자입니다. 2009년부터 오티스틱 스픽스(Autistic Speaks)에서 블로그를 운영하기 시작했고, 《월스트리트 저널(Wall Street Journal)》과 《굿모닝 아메리카(Good Morning America)》에 특집 기사로 소개되기도 했습니다. 미토콘드리아 병을 앓고 있기도 한 리디아는 자폐 관련 콘퍼런스에서 부모와 전문가를 대상으로 자폐 스펙트럼 장애의 다양한 측면, 특히 의료 서비스에 대해 강연을 하고, 교육용 논문을 발표했습니다. 또한, 자신의 블로그에 쓴 글을 모아 《테크니컬러 생활(Living in Technicolor)》을 출판하기도 했습니다.

07 | 리디아 웨이먼 인터뷰

관계 구축과 수용

우정의 열쇠를 찾아서

"저는 통통 튀고 지적이고 예쁜 소녀도
'진단이 가능할 정도로' 다를 수 있으며,
제 신경에는 아무런 문제가 없다는 것을
사람들이 알기를 바라고 있어요."

건강했던 관계가 틀어진 이유

리디아 웨이먼은 스물한 살에 자폐 스펙트럼 장애 진단을 받았습니다. 진단을 받기 이전에도 이후에도 혼란스럽고 어려운 상황은 늘 있었습니다. 그중 하나는 오래도록 이어 온 소중한 우정이 갑작스럽게 끝나 버린 일이었습니다. 리디아는 어린 시절에 학업 성취도가 높았고, 가까운 친구가 한 명 있다는 것과 리디아와 잘 맞지는 않지만 가끔씩 놀 친구들이 있다는 것에 만족하며 지냈습니다. 하지만 중학교 2학년 때 친구들이 끼리끼리 어울리기 시작하면서 어려움을 겪기 시작했습니다. 리디아는 인간관계의 사회적 맥락을 이해할 수 없어 혼란스러웠고, 친구를 새롭게 사귀고 교우 관계를 유지하기가 점점 어려워졌습니다.

"저는 제 모든 경직성, 불안, 별난 어조 등을 포괄할 수 있는 '자폐'라는 이름이 있다는 걸 알았다면 상황이 달랐을지도 모른다는 생각을 하지 않을 수 없어요. 저는 자폐로 진단된 걸 탓하지 않아요. 오히려 저는 진단을 받기 전 제가 겪은 어려움에 대해서 자폐 증상에 대한 인식이 부족했던 제 탓을 해요. 저 같은 경우가 특히 여성들에게 꽤 있을 거예요."

리디아는 어린 시절에 대부분의 놀이 시간을 한 친구와 보냈습니다. 그 친구의 이름을 '스테파니'라고 하겠습니다. 리디아는 스테파니와 유치원 때부터 알고 지냈는데, 일주일에 보통 6일 정도 함께 시간을 보냈습니다. 그리고 많은 관심사를 공유했습니다.

고등학교에 입학했을 때, 두 사람은 모두 의사가 되고 싶어 했습니다. 고등학교 3학년이 되기 전, 두 사람은 의학 분야의 직업을 희망하는 학생들을 위한 전국 리더십 포럼에 참석했습니다. 거기서 스테파니는 많은 시간을 함께 보내고 싶은 한 소년을 만났습니다. 스테파니는 그 소년을 좋아하게 됐습니다. 리디아는 이 상황이 탐탁스럽지 않았고, 혼란스러웠습니다. 리디아는 '남자? 우린 그런 데 신경을 쓰지 않아. 그런데 지금 스테파니는 뭐 하는 거지?'라고 생각했습니다. 이것이 두 사람 사이가 틀어지기 시작한 신호탄이었습니다.

 몇 달 후, 두 사람을 갈라놓은 또 다른 사건이 발생했습니다. 리디아는 학교에서 '컬러가드(color guard)'라는 기수단의 단원이었습니다. 리디아는 기수단 활동에 즐겁게 참여하면서도, 종종 단체의 큰 규모와 복잡한 사회적 구조에 심리적으로 압도되는 느낌을 받곤 했습니다. 어느 날, 리디아는 단원들이 모두 보는 앞에서 단장에게 부당한 지적을 받았고, 졸업식 행진에서 빠지라는 얘기를 들었습니다. 리디아는 1형 당뇨병이 있었기 때문에 때때로 간식을 먹어야 했습니다. 그런데 단장은 리디아가 행사 중에 사탕을 꺼내 먹는다면 기수단의 행진이 엉망이 될 거라고 말했습니다.

 처음에 스테파니는 리디아를 옹호해 주었습니다. 하지만 나중에는 이렇게 말했습니다. "기수단은 계속 이렇게 해 왔어. 이제 와 바뀔 것 같지 않아. 그냥 네가 그만두면 정말 안 되는 거야? 너에게도 문제가 되니까 말이야." 결국 리디아는 기수단을 그만두었습니다. 그 후부터 스테파니는 리디아와 거리를 두기 시작했습니다. 리디아는 어느 날 스테파니네 집에 갔다가 스테파니가 다른 일로 바쁜 동안 스테파니의 여동생과 더 많은 시간을 보내고 있는 자기 자신을 발견했습니다.

 학년 말, 두 사람의 우정은 스테파니의 다음 말과 함께 마침내 끝이 났습니다. "우린 끝난 거 같아. 나는 항상 너를 아끼고 사랑하는 마음을 가지고 있겠지만, 우리의 우정은 끝이 났고, 더는 너와 연락하고 싶지 않아." 리디아는 이때를 떠올리며 이렇게 말했습니다.

"문제는 제가 뭘 했느냐가 아니었어요. 제가 어떤 사람이냐, 그러니까 저라는 사람 자체가 문제였어요."

그 후 몇 달 동안, 리디아는 완전히 혼란스러웠지만 스테파니의 의사를 존중했습니다. 스테파니는 모임에도 나가고 사람들도 만나는 사회적인 활동을 계속했지만, 리디아는 사회적인 활동 무대 밖으로 밀려나 혼자서 다닐 수밖에 없었습니다.

그렇게 1년이 지난 후, 리디아는 다시 스테파니에게 다가섰고, 우정을 회복하려고 노력했습니다. 리디아에 따르면, 이때 스테파니와 나눈 대화는 자신의 삶에서 가장 좋지 않은 대화였습니다. 스테파니는 리디아에게 소리쳤습니다. 스테파니는 리디아가 자기 생활을 망쳤다고 비난했고, 리디아가 죽든지 말든지 상관하지 않을 것이라고 했습니다. 그리고 리디아를 버린 일이 자신이 한 일 중에서 가장 잘한 일이라고 단언했습니다.

리디아는 엄청난 충격을 받았습니다. 리디아는 다시 누군가를 좋아하거나 관계에 대해 신뢰를 가질 수 있을지 의심하게 되었습니다. 이 사건은 리디아에게 계속해서 영향을 미쳤고, 미래의 인간관계를 해치는 데에도 일조했습니다. 리디아는 어떤 친구가 자신과의 교우 관계에서 조금이라도 불편해한다고 느끼면, 그 친구가 떠나기 전에 자신이 먼저 친구 곁을 떠나기로 마음먹었습니다.

"마음에 상처를 받기 전까지 제 인간관계는 완전히 건강했어요. 특이하죠. 예? 자폐요? 맞아요. 하지만 그래도 정말 건강했어요. 다만 그 친구와 절교한 일의 여파가 너무 컸어요. 그 상처는 너무 깊어서 다 아무는 데 평생이 걸릴지도 몰라요. 저는 지금도 친구가 왜 저를 버렸는지 정말 모르겠어요."

리디아는 피상적인 수준에서 우정이 신뢰에 바탕을 두고 있다는 사실을 알았습니다. 하지만 우정이 현실에서 어떤 모습인지는 생각하지 않았습니다. 오랜 시간 동안 리디아는 별다른 생각 없이 친구를 믿어 왔습니다. 두 사람이 절교한 후, 리디아는 자신이 이해하지 못하는 사회관계가 너무 많다는 걸 깨달았습니다. 결과적으로 리디아는 자신이 가치 있는 친구가 될 수 있다는 자신감을 잃었습니다. 자기 곁에 있고 싶어 하는 사람을 아무도 믿지 못하게 됐습니다. 리디아는 인간관계에 대한 신뢰가 없으면 결국 관계는 끊어지기 마련일 거라고 생각했고, '관계 실패에 대한 강렬한 불안감'에 시달렸습니다. 그래서 관계에 뒤따르는 스트레스 대신 차라리 고독이 주는 안정감과 슬픔을 택했습니다.

우리는 모두 자신이 누군지 알기 위해 다른 사람과 친구가 되려고 해요

신경전형인 친구 찾기 리디아는 복잡한 사회적 기대 속에서 자폐인들이 방향을 잡는 데 신경전형인 친구들이 도움이 될 수 있다고 말합니다. 신경전형인 친구는 매일 일상에서 즉각즉각 사람들이 하는 말장난을 설명해 주고, 곧 감각 과부하가 올 수 있다고 경고해 주거나 새로운 사람들을 만날 때 경계심을 풀어 줄 수 있습니다. 또 신경전형인 친구들은 자폐인이 한 주제에 관한 이야기를 너무 오래 했을 때 살짝 옆구리를 찔러 그만해야 될 때를 넌지시 알려 줄 수 있고, 자폐인이 말할 때 선택한 어휘가 의미했던 것과는 크게 다르게 들렸을 이유를 설명해 줄 수도 있습니다.

"전 자폐 스펙트럼 장애를 탓하지 않아요. 오히려 제 행동과 반응에 대해 책임감을 느끼고, 자폐를 통해 성장하는 방법을 배우자고 스스로를 일깨워요."

자폐 스펙트럼 아이가 신경전형인 친구를 사귀기 위해서는, 가능한 한 일반 학교를 다녀서 신경전형인 또래들과 함께 생활하도록 하는 것이 중요합니다. 그러나 신경전형인 또래들 사이에 있는 것은 아이의 학업적 성취를 보장하지 못합니다. 이상적인 통합 교육 환경은 자폐 스펙트럼 학생의 고유한 교육적 요구를 꾸준히 인정하며 지지하는 겁니다. 하지만 이러한 요구는 신경전형인 또래들과는 상당히 다를 수 있습니다. 템플 그랜딘과 리처드 파넥은《나의 뇌는 특별하다》[1]에서 '자폐 스펙트럼 아이를 비자폐인 또래들과 같은 교실에 두고 같은 방법으로 다루는 것은 실수'(p.182~183)라고 상기시킵니다. 이들은 사람들과 무언가가 다른 자폐인은 주로 홀로 있게 되기 때문에 심각한 소외로 이어질 뿐이라고 말합니다. 하지만 개별화 교육계획이 포함된 통합 교육 환경을 만들면, 자폐 스펙트럼 아이에게는 긍정적인 사회화와 교우 관계를 지속적으로 가능케 하는 동시에 신경전형인 또래들에게는 자폐 스펙트럼 장애에 대한 수용성을 높일 수 있습니다.[1]

여러 유형의 우정에 대해 열린 마음 가지기 신경전형인과 우정을 나눌 기회를 찾는 일은 자폐 스펙트럼 아이에게 여러모로 유익할 수 있습니다. 리디아는 자폐 스펙트럼 아이의 폭넓은 교우 관계 형성을 위해 부모가 열린 마음을 가져야 한다고 조언합니다. 리디아는 종종 부모나 교사들로부터 아이는 저기능 아이들과 시간을 보내고 싶어 하는 데 반해, 부모는 자기 아이가 신경전형인 혹은 장애가 없는 또래들과 시간을 보내는 걸 선호한다는 말을 듣습니다. 리디아에게도 비장애인 친구들이 몇 있고, 그들은 리디아의 가장 친한 친구들이기도 합니다. 하지만 사람들은 이러한 관계는 진짜가 아니라면서, 리디아의 우정에 한계선을 긋습니다.

"저와 아주 친한 친구들 중 몇 명은 아이들이에요. 우리는 관심사가 같고, 농담을 나누고, 서로 신뢰하는 사이죠. 친구니까 당연한 거잖아요. 그런데 사람들은 제가 어른이고 그 친구들은 아이니까, 그건 진정한 우정이 아니라고 해요. 제가 그 애들 곁에 늘 같이 있을 수 없다고요. 제가 없을 때 그 애들은 어떨까요? 그 아이는 점심시간에 자기 옆에 있는 소년과 친구가 될 수 없어요. 그 애한테 그 소년은 풋내기일 뿐이에요. 방과 후에 그 애와 같이 노는 남자애들은, 음, 그들은 모두 그냥 남자애들이에요. 역시 친구가 아니죠."

리디아는 모든 사람이 공동체의 일원으로 인정받고 우정을 쌓을 동등한 기회를 가진다면, '환상적'인 통합이 될 거라고 생각합니다. 어떤 관계는 이례적으로 보일 수 있지만, 그게 반드시 건강하지 않은 관계인 것은 아닙니다. 리디아 브라운(01 인터뷰이)은 미국의 시사주간지 《US 뉴스 & 월드 리포트(U.S. News & World Report)》의 기사 〈자폐인과 친구가 되는 방법(How to Be a Friend to Someone With Autism)〉에서 이렇게 말했습니다. "모든 사람과 마찬가지로, 우리 역시 우리를 있는 그대로 보아 줄 수 있는 친구를 소중히 생각합니다. 우리는 서로에 대한 이해와 존중이 있고, 가치를 공유하며 서로 약속한 적절한 경계선을 지키는 우정을 나누기를 원합니다."[31] 즉, 자폐인이 원하는 우정과 신경전형인이 원하는 우정의 모습이 다르지 않다는 얘깁니다. 리디아도 리디아 브라운과 같은 맥락의 생각을 하고 있습니다. 리디아는 이를 위해 부모가 아이의 우정에 불필요한 제한을 두지 말고, 아이가 건강한 사회화의 기회를 얻고 관계를 맺을 수 있게 모든 사람에 대해 열려 있을 것을 요청합니다.

부모도 자폐 스펙트럼 친구가 필요해요

    자폐 스펙트럼 아이가 신경전형인 친구를 사귀면 자신감을 얻고 건강한 감정 상태를 유지하는 데 도움을 받습니다. 이와 비슷하게 자폐 스펙트럼 아이를 둔 신경전형인 부모도 자폐 스펙트럼 성인과 우정을 쌓으면 도움을 받을 수 있습니다. 사실 아이가 자폐 스펙트럼 장애 진단을 받으면, 부모가 맨 먼저 해야 될 일이 자폐 스펙트럼 성인 친구를 만드는 일입니다.[32] 자폐인 친구는 부모에게 특별한 조언을 해 줄 수 있고, 이는 부모가 아이의 상황을 좀 더 쉽게 알아채는 데 도움이 됩니다. 또한, 부모의 이런 우정은 자폐 스펙트럼 장애를 수용하는 본보기가 됩니다. 아이는 자폐 스펙트럼 성인과 친구로 지내는 부모를 보면서, 부모가 자폐인의 인간적 존엄성을 소중히 여긴다는 걸 알게 될 겁니다. 왜냐하면, 부모가 자폐인과 동등한 관계를 맺고 함께하는 모습을 보기 때문입니다.
    리디아 브라운(01 인터뷰)은 부모들에게 자폐인을 친구로 둘 것을 제안하면서 한 가지 주의를 주었습니다. 어른이 된 자폐인들을 실패나 성공의 사례로만 봐서는 안 된다는 것입니다.

> "우리에게는 각자의 삶과 목표가 있어요. 비자폐인 부모들이 자폐인을 독립된 존재로 보지 않고 자폐 스펙트럼 아이를 키우는 데 참고할 사례로만 여기는 것은 오히려 자폐 스펙트럼 성인은 물론 자폐 스펙트럼 아이도 대상화하는 것이고, 비인간화하는 거예요."

    우려가 있기는 하지만, 자폐 스펙트럼 성인과 비자폐인 부모 사이의 긴밀한 우정은 자폐 스펙트럼 아이에게 성인이 되어서도 괜찮을 수 있다는 자신감을 얻도록 도움을 줄 수 있습니다. 또 부모의 자폐인 친구는 아이에게 공감하고 존경할 만한 사람이 되어 줄 수도 있습니다.

에이미 그라비노(08 인터뷰이)는 신경전형인 부모가 자폐인을 지인으로 두는 건 아이와 아이의 미래에 대한 불안을 줄이는 데 도움이 된다고 덧붙입니다.

> "이미 그 길을 걸어왔기에 당신의 아이가 어떤 일을 겪고 있는지 매우 개인적인 수준에서 이해하는 누군가를 알게 된다면, 그를 통해 당신은 부모로서 아이를 더 잘 도울 수 있고, 인간으로서 측은지심과 이해심을 갖는 데 도움이 될 수 있어요."

우정의 열쇠는 '수용'

"점점 더 나아지고 있어요."라고 리디아는 말합니다. "나이가 들면서 건강한 방법으로 대처하는 방법을 배우고, 더 성숙한 어른들이 주위에 많아지면 어린 시절의 고통은 가라앉을 수 있어요." 하지만 이런 변화는 말처럼 항상 쉽거나, 빠르게 이뤄지는 것은 아닙니다.

> "시간은 결국 여러분이 누구인지, 이 세상 어디에 꼭 맞는지에 대한 자기 인식, 자신감 그리고 더 많은 이해를 할 수 있게 해 줄 거예요."

리디아는 고등학교 시절 내내 많은 친구들 사이에 있는 것이 괴롭고, 소음을 참기 힘들며, 대화가 혼란스럽다는 사실을 스스로 알고 있었습니다. 하지만 그때 리디아는 '감각 문제'나 '시각적 처리'와 같은 용어를 알지 못했습니다. 리디아는 자폐 스펙트럼 장애 진단을 받은 뒤 시작한 공부가 자신의 삶을 이해하는 데 도움이 됐습니다.

리디아는 차츰 자신과 비슷한 상황에 있는 자폐인들과 소통하게 됐는데, 그녀는 특히 글쓰기와 타이핑으로 의사소통하는 걸 좋아했습니다. 리디아는 한때 글쓰기와 타이핑 선호를 자신의 실패로 바라본 적이 있었습니다. 하지만 다른 자폐인들과 관계를 맺은 다음에는 생각이 달라졌습니다. 타이핑으로 하는 의사소통은 리디아의 삶을 변화시켰고, 새로운 친구를 사귈 수 있게 됐습니다.

리디아는 스스로에게 "점점 더 나아지고 있어."라고 말하는 것만으로는 지금의 어려움을 즉각 해결할 수 없다는 걸 인정합니다. 하지만 시간은 결국 젊은이들에게 성장의 기회를 줍니다.

"환경은 변해요. 우리는 그속에서 삶을 배우고 이해할 새로운 기회를 맞을 거예요. 우리는 평생에 걸쳐 반복되는 문제를 발견하고 해결책을 찾을 수 있어요. 이 과정에 가장 큰 영향을 미치는 건, 우리 자신의 태도예요. 그런데 태도는 다행히도 우리가 스스로 통제할 수 있는 영역이에요."

주어진 환경에 적응한 후에, 자폐인들은 친구를 사귀고 자신의 관심사를 추구할 편안함과 자신감을 얻을 수 있습니다. 리디아는 교회에서 시간을 보낼 때와 자신보다 열 살에서 스무 살 정도 나이가 많은 여성들과 함께할 때가 가장 즐겁다고 느꼈습니다. 그들은 사람을 있는 그대로 받아들여 주었기 때문입니다. 지금 리디아는 자신의 집과 가깝거나 먼 거리에 사는 사람들과 우정을 나누고 있는데, 그들 중에는 자폐인도 있고, 비자폐인도 있습니다. 리디아는 다양한 사람들과 우정을 유지하는 데 가장 중요한 것은 '수용'이라고 말합니다.

"저는 지역의 한 독립적인 자폐 센터에 속해 있어요. 이곳에 가면, 저는 제 고양이에 대해 5분 동안 질문을 다섯 번 받을 수도 있어요. 저는 고양이를 사랑하고, 친구들은 제가 고양이에 대해 말하는 걸 억지로 참기를 바라지 않기에 고양이에 관해서 제게 질문을 해 줘요."

지원을 해 주는 성인 또는 성숙한 또래가 있으면, 자폐인은 친구를 사귀고, 사랑하며, 그 과정에서 무언가를 배울 수 있습니다. 그러면 사회화도 결국 쉬워질 수 있습니다. 하지만 일부 자폐인들은 이런 생각을 받아들이기 어려워합니다. 미국 최대의 자폐인 인권 단체인 자폐인자기옹호네트워크(Autistic Self Advocacy Network, ASAN)가 펴낸 책 《시끄러운 손(Loud hands)》[33]에서 필명이 'E'인 자폐인은 다음과 같이 주장합니다. "아니, 나아지지 않아요. 당신은 더 강해질 겁니다. 또 당신은 항상 더 강해져야 할 겁니다. 여러분은 항상 더 열심히 노력해야 할 것입니다."(p.129)

생각해 보기

- 어떻게 하면 아이에게 우정을 추구하도록 가르치거나 권장할 수 있을까요?
- 아이가 다른 자폐인 커뮤니티나 특정한 관심 집단에 참여하게 하려면 어떻게 해야 할까요?
- 여러분은 어떤 면에서 아이에게 좋은 수용 모델인가요?
- 자폐인 커뮤니티와 어울릴 기회에는 어떤 게 있을까요?

에이미 그라비노(Amy Gravino)

1983년생으로, 콜드웰대학교에서 응용행동분석 석사 학위를 받았습니다. 자폐인들을 위한 대학 생활 코치이자, 자폐 컨설턴트, 작가, 연설가입니다. 또한, '아스퍼거증후군의코칭과기술컨설팅(ASCOT Consulting)'이라는 회사를 운영하고 있고, '글로벌및지역단위아스퍼거증후군파트너십(GRASP)'의 홍보 및 커뮤니티 관계 이사, 대니얼조던피들재단(Daniel Jordan Fiddle Foundation)의 이사로 있습니다. 자폐와 성에 대해서 이야기하며, 현재 여성 자폐인으로서 데이트 등의 경험에 대한 회고록인《장난꾸러기 오티(The Naughty Autie)》를 쓰고 있습니다. 에이미의 이야기는 개인 홈페이지(www.amygravino.com)에서 더 만날 수 있습니다.

08

에이미 그라비노 인터뷰

자폐 스펙트럼 청소년의 우정과 성

사춘기, 조금 느릴 뿐 결국 성장해요

"자폐는 제 정체성과 떼려야 뗄 수 없어요.
자폐가 곧 저 자체인 것은 아니지만, 저라는 사람의 일부예요.
제가 만약 자폐를 없앤다면,
저는 저를 이루는 커다란 부분을 없애는 것이나 마찬가지예요.
자폐가 없으면, 온전한 제가 될 수 없어요.
그리고 이 모든 일들을 해내지 못했을 거예요.
제 인생이 어떻게 되었을지도 모르죠."

놀림당하는 것보다 더 괴로웠던 것

"저는 다른 사람들이 제게 무슨 일이 일어나든 상관하지 않는다고 느꼈어요."

고등학교 3학년 말, 에이미 그라비노의 라틴어 선생님은 수영장 파티를 열었습니다. 에이미는 그날을 위해 새로 산 비키니를 입을 수 있어서 신이 났습니다. 대부분의 소녀들은 시선을 끌기 위해서 비키니를 입었지만, 에이미는 단지 친구들과 어울리기 위해 비키니를 입었습니다. 에이미는 인기가 별로 없었고, 친구를 사귀는 데 어려움을 겪고 있었습니다.

파티 날 에이미는 비키니를 챙겨서 집을 나섰습니다. 에이미가 도착했을 때, 수영장에는 수영하고, 게임을 하고, 이야기하고, 웃는 아이들로 가득했습니다. 에이미는 얼른 반 친구들을 찾아가 평상시처럼 어울리려고 했습니다. 에이미는 한 남학생에게 호감이 있었습니다. 그래서 새 비키니가 그의 관심을 끌어 주길 바랬습니다. 에이미는 같은 반 친구들의 유머를 잘 이해하지 못했지만, 적당하게 미소를 짓고 웃었습니다. 에이미는 친구들과 함께 웃기만 하면, 친구들이 자신을 비웃을 수 없을 거라고 생각했습니다. 하지만 늘 그랬듯이 에이미는 무시당했습니다. 에이미는 자신이 투명인간 같다고 느꼈습니다. 친구 중 어느 누구도 에이미에게 눈길을 주지 않았기 때문입니다. 그렇게 친구들 무리에서 벗어나 덩그러니 혼자 있던 에이미는 문득 이런 생각이 들었습니다. '내가 비키니를 입고 있는 것은 중요하지 않아. 난 여전히 여기에 속하지 않아.' 친구들과 어울리기 위해 부단히 노력해 왔던 사람에게는 가혹한 깨달음이었습니다.

"그때까지 저의 사고방식은 이랬어요. 이 모든 사람, 즉 우리 반, 우리 학교 또래 친구들은 왜 내가 하는 일을 볼 수 없을까? 열한두 살쯤 사춘기가 시작되었을 때, 이런 생각은 다음과 같이 바뀌었어요. 나는 왜 이러지, 왜 나는 사람들이 보는 방식으로 볼 수 없는 거지?"

중고등학교 시절 내내, 에이미는 '이렇게 화장을 한다면, 친구들이 나에게 관심을 가질 거야.'라거나 '이 옷을 입으면 친구들과 어울릴 수 있을 거야.' 같은 생각을 자주 했습니다. 에이미는 자신과 친구들 사이를 가로막는 무언가가 있다고 항상 생각했습니다. 그래서 그 무언가를 찾고 그걸 피하려고 무던히도 노력했습니다. 하지만 전혀 효과가 없었습니다.

"저는 또래 친구들을 쭉 지켜보고, 그들의 행동을 그대로 따라 했어요. 저는 완벽하게 따라 했다고 생각했지만, 그걸 하는 사람이 저였기 때문에 그냥 틀렸어요. 아무리 잘했다고 생각했더라도 말이에요."

에이미는 놀림을 당하는 것이 괴로웠지만, 견딜 만했다고 합니다. 부정적이긴 해도 관심의 표현이라고 여겼기 때문입니다. 에이미가 정말로 괴로웠던 건 완전히 무시당하는 것이었습니다.

"복도에 서 있을 때, 내 주변의 모든 사람들이 그들끼리 상호작용하는 걸 보며 내가 그들의 일부가 될 수 없다는 걸 깨달은 순간, 그 순간이 나를 죽게 했어요."
"무시하는 것, 그건 보통 괴롭힘보다 더 나빠요. 왜냐고요? 누군가를 괴롭힌다는 건 그래도 괴롭히는 사람들이 그가 거기에 존재한다는 걸 인정한다는 뜻이니까요. 어쨌든 그는 거기에 존재하는 거죠. 하지만 무시하는 건, 그 사람이 그곳에 없다고 여기는 것과 같아요. 그러니까 제 말은, 그들은 제가 사라지겠다고 해도, 죽겠다고 해도 아무 신경도 쓰지 않을 거라고 제 면전에다 대고 말할 친구들이었다는 거예요."

아무도 빼앗을 수 없는 자아 감각

에이미는 고등학교 때 혼란을 겪은 이후로 자신을 다시 일으켜세우고, 자신이 누구인지도 찾아야 했습니다. 에이미는 일단 자신이 누구인지 스스로 알게 되면, 그때부터는 자신의 자아를 아무도 빼앗을 수 없다고 말합니다.

"고개를 높이 들고 걸으세요. 그러면 사람들이 따라올 거예요."

에이미가 이런 생각을 실천하는 과정은 점진적이었습니다. 아침에 일어나 거울을 보며 스스로를 좋아하기로 마음먹는 데 많은 날이 걸렸습니다. 에이미는 자기 몸을 좋아하지 않았습니다. 샤워 직후 수건으로 재빨리 몸을 가려 거울에 자기 알몸이 비치지 않게 했습니다. 하지만 점차 샤워를 끝내고 벗은 몸을 보는 걸 좋아할 수 있게 됐습니다. 이러한 변화는 자기를 놀린 사람들을 자기 안에서 없애 버리기로 마음먹었을 때 일어났습니다.

"부정적인 목소리가 서서히 사라지기 시작했어요."

에이미는 자신이 누구인지 찾는 일의 핵심은 '자신에 대한 강한 감각을 기르는 것'이라고 말합니다. 리디아 웨이먼(07 인터뷰)도 여기에 동의합니다. 리디아 웨이먼의 친구 중에는 자폐가 완치되기를 바라는 이도 있습니다. 리디아 웨이먼은 그 친구들의 희망이 결코 틀렸다고 말하지는 않습니다. 하지만 이렇게 덧붙여 말했습니다.

"개인적으로, 저는 제 별난 부분을 받아들이고 있어요. 그리고 자폐가 치료될 수 있다는 가능성에 제 에너지를 낭비하지 않을 거예요. 저는 만약을 기다리며 살기보다는 제가 당장 부딪치는 문제들을 해결하고, 제가 성장할 수 있도록 주변 환경과 태도를 만들어 가는 데 시간을 쓰고 싶어요."

이해해 주는 사람을 찾으면

에이미는 대학생이 되어서도 사회성 문제가 완전히 사라지지 않았습니다. 하지만 에이미의 자폐를 이해하고 에이미의 요구를 기꺼이 받아들여 주는 친구들을 찾았습니다. 그들과 탄탄한 우정을 유지한 덕분에 에이미는 자폐인 여성으로서 자신의 정체성에 대한 자신감을 계속 얻을 수 있었습니다.

2018년 미국 질병통제예방센터(CDC) 보고서에 따르면 자폐 스펙트럼 장애는 59명 중 1명이 진단될 정도로 많아서 언론에서 꾸준히 논의되고 있습니다.[34] 사람들은 자폐인들이 겪는 몇 가지 어려움에 관해서 기본적인 이해를 하고 있습니다. 자폐에 관해 기꺼이 배우고, 이해하며, 수용하고자 하며, 배려심을 발휘하는 사람들과 함께 있으면, 자폐인도 신경전형인에게 유리한 이 사회에서 자리를 잡고 살아갈 수 있습니다.

에이미는 대학 기숙사에서 자폐 스펙트럼 형제를 둔 친구를 알게 됐습니다. 이 친구는 에이미가 가진 어려움을 이해했습니다. 에이미는 이 친구에게 자신의 행동 하나하나를 설명할 필요가 없다는 점이 좋았습니다. 어느 날 저녁, 두 사람은 해변을 테마로 이벤트를 하는 식당에 갔습니다. 그런데 에이미에게는 식당의 소음이 너무 가혹할 정도로 크게 느껴졌습니다. 그래서 해변처럼 꾸며진 곳에 가서 무릎을 꿇고 모래를 손가락으로 누르며 놀았습니다. 그걸 보고 에이미의 친구가 말했습니다. "음, 네가 여기 소음에 심리적으로 압도당한 것 같아." 에이미는 자신이 감각 과부하로 인해 이런 행동을 한다는 걸 이해해 주는 사람이 있다는 데 무척 놀랐습니다. 친구는 에이미를 이상한 눈으로 보거나 행동을 멈추라고 말하지 않았습니다. 친구는 에이미의 신호를 읽고 효과적으로 소통하며 에이미를 더 편안하게 해 주었습니다. 친구는 에이미를 재단하거나 어려움을 참고 견디라고 요구하지 않았습니다. 오로지 있는 그대로 에이미를 수용해 주었습니다.

청소년기에 확립한
내가 사랑스러운 존재라는 믿음

학교에서 만난 옹호자 초등학교부터 고등학교까지 다니는 동안 에이미는 가정과 학교에서 모두 지원을 받았습니다. 에이미는 자폐 스펙트럼 아이는 어린 시절에 일관되고 긍정적인 영향을 주는 경험을 많이 할수록 좋다고 믿습니다. 에이미가 초등학교에 입학했을 때에는 많은 선생님이 에이미를 도울 방법을 몰랐거나 도움 주기를 원하지 않는 것처럼 보였습니다. 하지만 한 상담 선생님만은 에이미에게 한줄기 빛 같은 관심을 가져 주었습니다. 예를 들어, 상담 선생님은 에이미가 벼락을 두려워한다는 사실을 알았습니다. 그래서 학교에 있는 동안에 폭풍이 치면 상담실로 빨리 오게 했습니다. 또 정기적으로 상담 방문을 하는 에이미를 위해 잉글리시 머핀을 준비해 더 편안한 분위기를 만들어 주었습니다. 상담 선생님은 혼란스러웠던 에이미를 안정적으로 보살펴 주었고, 에이미가 큰 문제 없이 중학교에 진학하는 데 중요한 역할을 했습니다.

에이미는 자신의 개인적인 경험을 바탕으로, 자폐 스펙트럼 아이들을 가르치거나 돌보는 교사, 상담 교사, 보조 교사에게 다음과 같은 충고를 합니다. "여러분에게 이 일은 직업입니다. 그런데 우리에게는 삶입니다." 교사들은 교육을 하고 있다고 생각하지만 자폐 스펙트럼 아이는 단지 하루를 보내는 생활을 하고 있다는 얘기입니다. 그래서 에이미는 자폐 스펙트럼 아이들이 선생님들이 기대하는 바대로 행동하지 않더라도 그게 선생님들 개인의 역량 문제라고 생각하지 않기를 바랍니다.

"저는 오로지 제 마음을 가다듬기 위해서 제가 할 수 있는 모든 것을 하거나 하루 전에 일어났던 일을 생각하느라 다른 것에는 도저히 집중할 수가 없는 날들이 있었어요. 많은 경우, 자폐 스펙트럼 아이들의 행동을 좌우하는 건 그런 상황들이지 선생님이 한 말이나 행동 때문이 아니에요."

에이미는 교사나 상담 교사가 자신을 단순히 직업인으로서 대했을 때와 진심으로 대했을 때의 차이를 알 수 있었습니다. 에이미는 모든 학생이 이 차이를 표현할 수 있거나 표현할 수 없더라도 적어도 머리와 마음으로는 인식한다고 믿습니다. 에이미는 교육자들에게 이렇게 말합니다.

"교육자들은 누군가에게 긍정적이거나 부정적인 영향을 미칠 수 있는 선택을 할 수 있어요. 그리고 이 선택은 그 누군가의 평생에 영향을 미칠 거예요."

변함없는 지지로 삶의 단단한 토대가 되어 주는 가족 부모가 청소년기의 자폐 스펙트럼 아이를 일관되게 지지해 주는 것은 특히 중요합니다. 초등학교 때 자폐 스펙트럼 아이가 겪는 사회화의 어려움은 사춘기가 되는 중고등학교 때 더 커지는 경우가 많습니다. 모든 부모에게 아이의 청소년기는 위협적인 시기이고, 자폐는 여기에 추가적인 어려움을 가져올 수 있습니다. 이런 청소년기의 혼란에도 불구하고, 여느 아이들처럼 자폐 스펙트럼 아이도 성숙한 어른으로 자라날 수 있습니다. 실제로 최근의 연구는 자폐 스펙트럼 아이의 문제 행동과 자조 기술이 청소년기를 거쳐 성인기로 갈수록 전반적으로 향상된다는 사실을 증명하고 있습니다.[35] 에이미는 이 시기에 부모가 아이에게 변함없는 지지를 해 주어 아이 삶의 탄탄한 기반이 되어 주는 것이 중요하다고 강조합니다.

자폐 스펙트럼 청소년도
사춘기에 성적 호기심을 느껴요

자폐 스펙트럼 장애와 성 에이미에 따르면, 자폐인들이 직면하는 가장 중요한 성 문제 중 하나는 부모, 치료사, 의학 전문가를 포함한 신경전형인이 자폐인의 성에 대해 잘못된 가정을 하고 있다는 것입니다. 여기에는 자폐인들이 성관계를 갖지 않거나, 성에 관심이 없거나, 과도하게 성적이라는 (성적으로 문란하거나, 일탈적이며, 통제하기 힘들다는) 생각이 포함됩니다. 이러한 가정은 종종 자폐인이 바람직하지 않은 성적 지향을 갖거나 다른 사람에게 쉽게 이용당한다는 인식으로 이어져 악영향을 줍니다.

에이미는 자폐 스펙트럼 청소년을 둔 부모들에게 아이가 스스로 올바른 결정을 내릴 수 있도록 지식과 정보를 주는 방식으로 성교육을 하라고 조언합니다.

"아이들에게 성적 자기 결정권이 있고, 성은 인간 삶에 소중한 가치를 더해 주는 것이며, 관심을 보이는 첫 번째 사람과 반드시 사귀지 않아도 된다는 것을 알게 해 주세요."

에이미에 따르면, 부모는 아이의 질문에 대답하는 것을 두려워하지 말아야 합니다. 아이의 욕구를 최소화하지도 말고 질문하는 아이를 부끄러워하지도 말아야 합니다. 에이미는 이렇게 말합니다.

"부모가 터놓고 얘기할 수 있는 믿을 만한 사람이 되어 주면, 아이는 죄책감과 자책감을 덜고 훨씬 더 좋은 삶을 살 수 있어요."

에이미는 10대인 자폐 스펙트럼 아이도 '호르몬의 급격한 변화에 따른 신체적, 정서적 변화를 겪는 청소년'이라는 사실을 잊지 말아야 한다고 강조합니다.

"모든 문제를 자폐 스펙트럼 장애 탓으로 돌리는 건 너무 쉬워요. 아이가 단순히 10대 청소년들이 전형적으로 하는 행동을 할 때도 말이에요."

부모는 아이가 호감을 느낀 사람에 대해 건강하게 탐색하는 것을 허용하고, 아이가 잘못될까 봐 지레 걱정해 과보호하기보다는 아이 스스로 자신의 태도와 행동을 되돌아볼 수 있게 가르쳐야 합니다. 이렇게 하면, 아이의 독립성과 자기 인식을 높일 수 있습니다.

"만약 우리가 자기 인식을 높일 기회를 갖지 못한다면, 우리의 성적 자기 결정권은 우리 자신이 아닌 다른 사람에 의해 통제당하거나 침해당하게 될 거예요."

부모나 다른 가족들이 10대 자폐 스펙트럼 청소년을 지원하는 방법은 그저 언제나 아이의 '곁을 지키고, 말을 경청하는 것'입니다. 에이미는 부모들에게 이렇게 말합니다.

"자폐 스펙트럼 아이가 말하는 것이 항상 중요한 것은 아니에요. 말하지 않는 것도 마찬가지고요. 특히 호르몬 변화가 급격한 사춘기 때 그래요. 사춘기가 되면 많은 아이들이 입을 닫아요. 하루 동안 아이가 말하지 않은 부분에 대해 생각해 보면 좋겠어요. 아마도 아이는 한 가지 특정한 일에 대해서만 이야기했을 거예요. 그건 매일 같은 일일 거고요. 만약 아이가 어떤 이야기를 하고 싶을 때가 오면, 그때 항상 부모와 가족이 곁에 있을 거라고 말해 주세요. 무엇을 언제 말할지에 대한 선택권을 아이에게 주는 거예요."

에이미는 사춘기 동안 자신이 아무것도 통제할 수 없는 것처럼 느꼈다고 회상합니다. 모든 사람들이 에이미에게 무엇이 필요하고, 어떻게 생각하고 행동해야 하는지를 일일이 말해 주었기 때문입니다. 10대 자폐인은 신경전형인 10대와 다르지 않습니다. 10대 청소년기 동안 자신의 관심사를 탐구하고 자신의 필요를 스스로 발견합니다. 이를 통해 자폐 스펙트럼 청소년도 배움, 일, 관계, 궁극적으로는 삶의 주도성을 스스로 키워 나갑니다.

데이트를 위해서 비디오 모델링과 비디오 자기 모델링 사용하기 에이미는 대학원에서 자폐인들의 성 문제와 자폐인들이 어떻게 하면 데이트를 성공적으로 할 수 있는지에 관심을 가졌습니다. 응용행동분석(ABA) 석사 학위 논문 연구의 한 부분으로, 에이미는 남성 자폐인들이 데이트 신청을 하는 방법을 배우는 데 비디오 모델링이 효과가 있는지 연구했습니다.

비디오 모델링은 목표 행동을 수행하는 모습을 동영상으로 촬영 및 편집한 뒤 시청하도록 하여 학습에 도움을 주는 방법입니다. 학습 당사자의 수행 모습을 촬영하여, 모델로 활용하는 경우에는 '비디오 자기 모델링'이라고 합니다. 이 증거기반실제(Evidence-Based Practice, EBP)*는 자폐 스펙트럼 아동, 청소년, 성인에게 유익하며, 다양한 사회성 기술, 자조 기술 및 직무 기술을 가르치는 데도 활용될 수 있습니다.[36]

에이미는 연구를 통해 비디오 모델링이 참가자들로 하여금 자신의 행동을 객관적으로 관찰하고 비디오 속 행동들과 비교하도록 하는 데 가장 좋은 방법이라고 결론을 내렸습니다. 에이미는 비디오 모델링이 학습 도구로서 매우 효과적이라는 사실을 알게 되었고, 자폐인들이나 그렇지 않은 사람들 모두에게 도움이 될 수 있다고 생각합니다.

청소년기에 겪을 새로운 도전 과제들

에이미가 비디오 모델링 연구에서 다룬 데이트와 관련된 어려움 이외에도, 청소년기는 자폐인들에게 많은 문제를 가져옵니다. 자폐협력네트워크(Interactive Autism Network)가 발행한 기사에서는 자폐 스펙트럼 청소년이 어려

---

* 증거기반치료라고도 합니다. 과학적인 절차로 진행된 연구를 통해서 효과가 입증된 교육, 치료 방법을 말합니다.

움을 겪는 이유를 아동심리학연구소(Child Mind Institute)의 신경심리학자 마이클 로젠탈(Michael Rosenthal)의 연구 결과를 들어 설명합니다.[35]

마이클 로젠탈이 최근 IQ 점수가 70점 이상인 자폐 스펙트럼 청소년을 대상으로 조사한 결과, 이들의 실행 기능은 비장애인보다 상대적으로 느린 속도로 성숙했습니다. 그래서 계획을 세우고, 시간을 관리하며, 난관이 생기면 과거 경험을 떠올려 계획을 바꾸거나 다른 사람의 도움을 받아 효과적으로 일하는 데 어려움을 겪는 것으로 나타났습니다. 이러한 어려움은 학업적으로나 사회적으로 요구하는 정도가 높아지는 중고등학교에 들어가면 더욱 문제가 됩니다. 예를 들어, 자폐 스펙트럼 학생들은 중고등학교에서 수업 교실이 더 자주 바뀌고, 과제를 더욱 독립적으로 파악해야 하며, 이전보다 지원이 적은 상태에서 낯선 사회적 환경이나 상황에 적응해야 합니다. 예를 들면, 급식실, 복도, 휴게실, 대강당 등에서 지원을 덜 받을 수 있습니다. 따라서 부모는 아이가 겪을 어려움을 충분히 대비시켜 줄 필요가 있습니다.

자폐 스펙트럼 아이들은 저마다 다르기에 청소년기에 각각의 특별한 요구와 어려움을 가질 겁니다. 일부는 공중위생이나 데이트 매너 행동 등과 관련된 사회적 행동을 배우는 데 끊임없이 좌절감을 느낄 것입니다. 또 일부는 새로운 안전 문제에 직면할 수도 있습니다. 예를 들면 이런 겁니다. 2013년 《허핑턴 포스트(Huffington Post)》에는 여배우 홀리 로빈슨 피트(Holly Robinson Peete)가 자폐 스펙트럼 아들에 대해 가진 걱정을 이야기하는 글이 실렸습니다.[37] 그녀의 아들은 얼굴을 전부 가릴 정도로 후드를 깊게 뒤집어 쓰고 주머니에 손을 집어넣는 걸 좋아하는데, 이 때문에 경찰에게 총기 소지 의심을 받을까 두렵다고 말했습니다. 홀리 로빈슨 피트는 아들이 경찰관과 마주치면, 너무 긴장해서 의사소통 불능 상태가 되고 경찰의 지시를 즉각 따르지 못할 거라고 예상했습니다. 그래서 그녀는 경찰관이 아들을 대면했을 때 도움이 되도록 경찰서 등 지역 기관에 아들에 대해 미리 알리는 조치를 했다고 설명했습니다.

> **생각해 보기**

- 어떻게 하면 아이가 더 강하고 자신감 있는 정체성을 갖도록 도울 수 있을까요?
- 아이가 친구를 사귀거나 우정을 유지하도록 돕기 위해서 무엇을 할 수 있을까요?
- 아이가 사회적 관심사를 말하려고 여러분에게 다가오는 일을 더 편안하게 느끼게 하고, 아이가 여러분을 사랑과 지지를 해 주는 사람이라고 느끼게 하기 위해 무엇을 할 수 있을까요?
- 여러분의 아이는 사춘기에 어떤 새로운 어려움에 직면할까요? 여러분은 이러한 영역에서 어떻게 아이를 지원할 수 있을까요?

브라이언 킹(Brian King)

1969년생으로, 임상 사회복지사이자 장애와 만성 질환을 가진 이들을 위한 일상생활 코치이고, 자폐 스펙트럼 장애를 가진 세 아들을 둔 아버지입니다. ADHD와 난독증과 함께 성장하고 열여덟 살에 암을 이겨 냈습니다. 서른다섯 살에 자폐 스펙트럼 장애 진단을 받았고, 마흔다섯 살에 희귀병인 엘러스-단로스 증후군(Ehlers-Danlos Syndrome, EDS), 마흔여덟 살에 다발성 경화증 진단을 받았습니다. 브라이언의 인생은 역경의 연속이지만, 그는 회복력에 대한 이야기로 많은 사람에게 좋은 영향을 미치고 있습니다. 브라이언은 연결과 협업의 힘을 가르치는 책과 매력적인 프레젠테이션으로 세계적으로 유명합니다. 그의 전략은 사람들이 서로의 차이를 극복하여 강력하고 지속적인 파트너십을 구축하도록 하는 것입니다. 인생 좌우명은 "우리 모두, 함께 합시다."입니다.

09 | 브라이언 킹 인터뷰

의사소통 고장의 원인과 양육의 목표

우리, 눈 맞춤 없이도
연결될 수 있어요

"저는 항상 제가 '학생'이라고 생각해요.
저는 항상 배울 수 있는 상태예요.
자신이 옳고 도움이 필요하지 않다고 생각하면,
성장의 문이 닫혀요.
성장에 대해 마음을 열면
가능성이 무궁무진하다는 것을 깨닫게 될 거예요."

헤드라이트를 본 사슴처럼 굳어 있었던 아이

"다른 아이들이 스포츠 경기를 보는 동안, 저는 상상 속에서 슈퍼히어로가 되거나 시를 쓰고 있었어요."

브라이언 킹은 또래들과 관계를 맺으려고 애썼습니다. 하지만 자주 자신만의 상상 세계에 빠졌고, 또래 친구들과 관심사를 공유하지 못했기 때문에 소외감과 불안감을 느끼곤 했습니다. 게다가 브라이언은 태도에 문제가 있고, 너무 자기비판적이며, 학교에서도 열심히 노력하지 않는다는 비난을 받았습니다. 부모님은 여러 의사와 상담했습니다. 의사들은 브라이언이 가진 문제의 원인을 명확하게 밝혀내지 못했지만, 일단 우울증 진단과 함께 약을 처방해 주었습니다. 아무도 브라이언이 장소나 시간의 전환에 어려움을 겪고, 자극에 대해 과도하게 민감하며 교실, 운동장 등의 환경에서 얼마나 혼란스럽고 공포를 느끼는지를 이해하지 못했습니다.

브라이언은 초등학교에 다니는 동안 늘 긴장 상태에 있었습니다. 하지만 몇몇 자상한 선생님과 함께 있을 때는 안도감을 느꼈습니다. 예를 들어, 미술 선생님은 브라이언이 교실 환경과 친구 관계에서 어려움을 겪는 걸 금방 알아차렸습니다. 브라이언은 당시 어려움을 겪었던 상황을 "몸이 얼어 버릴 것 같았어요."라고 설명합니다.

"저는 수업 과제에 압도당했어요. 수업은 너무 빠르게 진행됐고, 저는 헤드라이트를 본 사슴처럼 굳어서 그 자리에 앉아 무엇을 해야 할지 몰랐어요."

그때 미술 선생님이 브라이언 옆에 앉았습니다. 그리고 침착한 목소리로 다음 단계를 설명해 주고, 브라이언에게 각별한 관심을 주었습니다. 미술 선생님은 브라이언이 가진 기술과 기능 수준을 존중해 주었습니다. 그리고 브라이언의 속도에 맞춰 주었으며, 결코 브라이언에게 혼자서 과제를 해결하라거나 다른 또래들을 따라잡기 위해 더 열심히 노력하라고 채근하지 않았습니다.

"제가 혼자 떨어져 고립됐다고 느꼈을 때, 아무도 저를 보지 못한다고 느꼈을 때, 선생님이 항상 저를 보고 계셨어요. 저는 선생님과 함께 있으면 항상 안전하다고 느꼈어요."

브라이언은 미술 선생님이 자신을 정해진 틀에 맞추려고 하지 않았던 게 좋았다고 말했습니다. 그리고 그게 자신의 성장과 발달에 중요한 역할을 했다고 했습니다. 브라이언은 미술 선생님을 떠올리며 학교에서 자폐 스펙트럼 아이를 만나는 선생님들에게 특수교사가 아니어도 최고의 선생님이 될 수 있고 훌륭하게 가르칠 수 있다고 격려합니다. 다만 전임 교사들이 잘못해 왔기 때문에 극단적인 신뢰 문제를 가진 아이들을 만나게 될 뿐이라고 말합니다. 이때 선생님이 마주하는 건 아이 마음속 응어리이므로, 브라이언은 선생님이 기본적으로 처음부터 시작해야 한다는 걸 알아야 한다고 조언합니다. 아이에게 새로운 선생님은 이전 선생님과 다르다는 사실을 어떻게든 알려야 아이의 굳게 닫힌 마음의 문을 열 수 있다는 것입니다.

"아이들이 있는 그곳에서 아이를 만나세요. 그리고 아이의 현재를 만든 역사, 아이의 이야기가 무엇인지, 그 이야기에서 선생님이 어떻게 새로운 등장인물이 될지 생각해 보세요. 선생님은 자신의 길을 반드시 실제로 만들어 나가야 해요. 그저 생각만 한다면 아직 선생님 자격이 없는 거예요."

초등학교 때 브라이언의 또 다른 중요한 지지자는 영어 선생님이었습니다. 영어 선생님은 브라이언이 쓴 글을 높이 평가했습니다. 브라이언은 영어 시간에 제출한 모든 과제에서 금메달을 받았습니다.

"선생님은 제가 가치 있는 것을 창조하고 있다고 느낄 수 있도록 시간을 주며 도와주셨어요. 제가 쓴 글을 읽는 일은 선생님에게 무언가 가치 있는 일인 것 같았어요."

브라이언은 영어 선생님의 특별한 관심 덕분에 글쓰기를 계속할 수 있었고, 브라이언의 글은 점차 다른 사람들에게도 관심을 받게 됐습니다. 브라이언은 자신의 글쓰기에 대해 이렇게 말합니다.

"제게 글쓰기는 삶의 경험을 쌓는 방식이자 삶을 이어 가는 방식이었고, 지금은 제가 다른 사람들을 돕는 중요한 방식이 되었어요."

태도의 문제로 단순화된 자폐 행동

브라이언은 어른이 되고 아들 셋의 아버지가 되고도 한참 후에야 자폐 스펙트럼 장애 진단을 받았습니다. 이 진단은 브라이언을 해방시켰고, 자신보다 먼저 자폐 스펙트럼 진단을 받은 세 아들을 돕는 최선의 방법이 무엇인지 이해하는 데 도움이 됐습니다. 브라이언은 "그때까지도 저는 단지 제가 충분히 노력하지 않았다고 생각했어요."라고 고백했습니다. 브라이언은 2011년에 낸 책 《자폐인들과 성공적인 관계를 형성하기 위한 전략 (Strategies for Building Successful Relationships with People on the Autism Spectrum)》[38]에서 자폐 스펙트럼 장애 진단을 받은 뒤 얻은 깨달음에 대해서 이렇게 썼습니다. "나는 문제가 내게 있지 않다는 사실을 깨달았다. 문제는 나와 세상이 서로 맞지 않는 데에 있었고, 그 연결고리가 끊긴 데 있었던 거였다. 문제는 내가 아니었고, 다른 누구도 아니었다. 다만 서로의 격차를 어떻게 메워야 할지 모른다는 거였다."(p.37)

"저는 저에게 문제가 있다고 믿었어요. 그래서 모든 피드백은 '네가 더 열심히 노력해야 한다.'는 거였어요. 저는 저에게 계속 이렇게 말했어요. 너는 더 많이 노력해야 해. 너는 더 많은 의욕을 가져야 해. 아, 맞아요. 아무도 꼭 집어 말하지 못했어요……. 그건 뭔가 조각나 있었어요. 아! 나는 우울한 거야. 약을 먹자. 아! 나는 모든 것에 불안이 커. 범불안장애 약을 먹자. 아니, 나는 그냥 수줍은 거야. 너무 자기비판적인 거야. 다시 말하지만, 모두 내 탓이야."

브라이언의 자폐 행동은 사람들에게 '태도'의 문제로 비춰졌습니다.

"저는 너무 예민했고, 너무 감정적이었으며, 너무 극단적이었어요. 사람들은 제가 전환에 어려움을 겪고, 자극에 대한 과민성으로 감각 처리에 어려움을 겪는다는 걸 잘 알지 못했어요. 교실에서 제가 얼마나 혼란과 공포를 느끼는지 말이에요. 놀이터는 더 말할 것도 없었죠."

사람들은 브라이언에게 자폐가 있다는 것을 몰랐습니다. 브라이언 스스로도 그랬습니다. 브라이언은 이렇게 말합니다.

"그래서 모든 것이 태도의 문제로 지나치게 단순화되었어요."

의사소통 고장의 책임?

브라이언은 관계 코칭 전문가입니다. 자폐 스펙트럼에 있거나 그렇지 않은 사람들이 사회적 관계 구축에 성공할 수 있는 의사소통 방법을 코칭하고, 책도 몇 권 썼습니다. 브라이언은 자폐인과 함께 지내는 사람이라면 의사소통의 본질을 이해하고, 의사소통에는 다양한 방식이 있음을 인정하는 자세가 필요하다고 강조합니다. 이는 궁극적으로 부모와 자폐 스펙트럼 아이 사이의 의사소통 문제를 해결하는 데 도움이 됩니다.

브라이언은 의사소통의 중요성과 어려움에 대해서 누구보다 개인적이고도 전문적인 지식을 갖추고 있습니다. 브라이언에게 의사소통이란 무엇인지 자세히 설명해 달라고 하자, 그는 자폐 스펙트럼 아이를 둔 부모들에게 이렇게 요청하며 설명했습니다.

"아이와 소통하고 싶다면, 의사소통에 대한 관점을 재정립하고, 아이의 소통 방식에 맞추고, 기대치를 다시 정하세요."

의사소통이란 무엇인가

전미커뮤니케이션학회(National Communication Association, NCA)는 "커뮤니케이션 학문은 다양한 맥락과 문화적 배경, 소통의 통로, 이용하는 매체에 따라서 사람들이 의미를 전달하기 위해 메시지를 사용하는 방법에 초점을 맞추고 있다."(para. 1)고 합니다.[39] 더 간단히 말하자면, 의사소통은 자신을 표현하는 행위입니다. 우리는 다양한 형태의 의사소통 방법을 사용합니다. 예를 들면 언어, 소리, 몸짓, 신호 또는 다른 행동들입니다. 일부 비구어 자폐인은 음성 증강 장치, 의사소통 앱, 그림판 등을 사용합니다.

때때로 구어는 효과적으로 의사소통하기에 충분하지 않습니다. 예를 들어, 여러분이 붐비고 시끄러운 레스토랑에 앉아 있다고 상상해 봅시다. 여러분은 입구로 들어온 친구를 알아봅니다. 당신은 그 친구의 이름을 부르지만, 친구는 주위가 시끄러워 당신의 목소리를 듣지 못합니다. 그래서 당신은 자리에서 일어나서 친구에게 테이블 쪽으로 오라고 손을 크게 흔듭니다. 이런 손짓과 같은 보조적인 의사소통 방법을 '보완대체의사소통(Augmentative and Alternative Communication, AAC)'으로 구별합니다.[40] 보완대체의사소통은 비구어 자폐인뿐만 아니라 모든 사람이 사용하는 증거기반실제(EBP)입니다. 심리학자 사무엘 L. 오덤(Samuel L. Odom) 등은 보완대체의사소통을 기술기반치료/기술 보조 교수 및 중재의 한 유형으로 보기도 합니다.[36] 다만, 소통을 위해 이런 보완대체의사소통을 얼마나 사용해야 하는지가 사람마다 다를 뿐입니다.

의사소통 고장 의사소통이 고장 났다는 건, 발신자가 수신자에게 전달한 메시지가 이해되지 않았다는 걸 의미합니다. 브라이언은 이러한 상황이 반드시 발신자의 의사 전달 능력 부족을 의미하지 않으며, 반대로 수신자의 이해력 부족을 의미하지도 않는다고 설파합니다. 그건 단지 메시지 전달이 '실패'했을 뿐이라는 겁니다. 청각 장애인이 사용하는 수어를 모르는 사람이 수어를 이해하지 못했다고 해서, 우리는 청각 장애인의 의사소통 능력이 부족하다고 말하지 않습니다. 그러므로 의사소통의 방식이 다르다면, 그 다름을 인정하고, 최선을 다해 적응하며 친숙해지려고 노력해야 합니다. 브라이언은 이런 노력을 해야 할 책임이 모두에게 있다고 말합니다.

의사소통 방식의 차이 깨닫기 구어 자폐인과 비구어 자폐인 모두 자신의 방식으로 의사소통을 합니다. 어떤 자폐인들은 비자폐인에게 익숙한 방식으로 의사소통을 하지만, 어떤 자폐인들은 효과적으로 의사소통을 하기 위해 그들 나름대로 찾아내고 공유하고 있는 독특한 방식을 씁니다.

구어 자폐인들은 구어가 지배하는 사회에서 자신의 의사소통이나 사회화의 어려움을 분명하게 표현하고 도움을 받을 수 있습니다. 한편 비구어 자폐인들의 의사소통 방식은 잘 알려지지 않았습니다. 그래서 사람들은 그들에게 문제가 있으며, '제대로' 말하는 법을 배우기 위해서 더 많은 치료나 교육이 필요하다고 가정해 버리기 쉽습니다.

브라이언은 자폐인들과 의사소통하는 가장 효과적인 방법은 사람들이 자폐인 개개인에게 맞춰 소통의 방식을 조정하는 것이라고 말합니다. 즉, 사람들이 자폐인과의 소통이 불편할지라도 노력해야 한다는 뜻입니다. 자폐인과 대화를 오랫동안 하다 보면, 우리 모두가 비슷한 욕구와 삶에 대한 의지를 가지고 있고, 서로를 평생 보살피며 배려할 수 있는 능력을 가진 인류의 일부임을 깨닫게 될 것입니다.

의사소통과 사회적 행동 브라이언은 언어 이외에도 다양한 사회가 유용하거나 단순히 예의 바르다고 평가하는 소통 친화적이고 사회적인 행동들이 있다고 말합니다. 예를 들면, 대화할 때 눈을 마주치거나 몸을 움직거리지 않는 것입니다. 그러나 자폐인은 비장애인들이 자연스럽게 익혀서 하는 이런 사회적 행동들을 하기 또는 배우기 어렵습니다. 특히 눈 맞춤이 그렇습니다.

효과적인 사회화는 사람들이 자신을 보고 듣고 있다고 느낄 때, 함께 의사소통을 하는 사람들에게 자신이 중요하다고 느껴질 때 실현됩니다. 사회화는 꼭 눈을 마주치지 않더라도 이뤄질 수 있습니다. 예를 들어, 어떤 사람들은 잠깐 눈을 마주치는 것만으로도 귀를 기울이고 있음을 표현합니다. 또 눈 맞춤 대신에 고개를 끄덕이거나 이야기가 이어지도록 질문을 하고, 들었던 내용을 정리해서 말해 줌으로써 관심을 표현할 수도 있습니다. 반대로, 눈 맞춤을 하지만 상대방이 하는 말을 이해하지 못해서 대화하는 상대방과 진정으로 관계를 맺지 못할 수도 있습니다. 눈 맞춤과 같은 사회적 행동에 중점을 두는 건 신경전형인처럼 보이는 방법을 가르치는 것 이상의 목적을 달성할 수 없습니다.

"눈 맞춤을 강요하는 사람은 세상을 자기 기준으로만 판단하는 사람들의 대표적인 예예요."

브라이언은 만약 아이가 대화 중에 사람들이 바라는 소통이나 사회적 행동을 할 수 없거나 대화를 불편해한다면, 부모가 이를 민감하게 알아채고 재빨리 적절한 조치를 하라고 합니다. 브라이언은 자신이 사회적 상황에 놓이면 지친다는 사실을 알았습니다. 그래서 최대한 자신에게 편안한 사회적 상황을 만들 방법을 찾아냈습니다. 예를 들어, 조도가 낮은 조명과 조용한 장소에서의 만남을 선호합니다. 또한, 덜 붐비고 주변 소음이 거의 없는 점심시간 전이나 저녁 전에 레스토랑에 가는 걸 더 좋아합니다. 만약 친구의 집을 방문한다면, 마음을 좀 더 편안하게 하기 위해 불을 몇 개 꺼달라고 부탁합니다. 브라이언의 아들들도 소음에 민감합니다. 그래서 가족이 함께 방문하는 곳이 시끄러울 것으로 예상되면 모두 헤드폰을 지참합니다. 그리고 서로 의사소통을 하기 위해 문자를 사용합니다.

"사람들은 우리가 서로를 무시하고 있다고 생각하지만, 사실 우리는 매우 감각적이며 친화적인 방법으로 서로 연결되어 있어요."

브라이언은 모든 사람이 저마다 의사소통 기술을 가졌다고 말하며, 효과적인 의사소통을 위해 책임 있는 자세로 소통에 임할 것을 제안합니다. 의사소통은 혼자 하는 것이 아닙니다. 의사소통의 능력을 갖추고 필요를 느낀 둘 이상의 사람이 서로를 상대방으로 하여 주고받는 것입니다. 의사소통이 '고장' 났을 때 한쪽 상대방만을 탓하는 건 메시지 전달을 늦추고, 함께 소통한 사람을 깔보는 행동일 뿐입니다.

부모의 목표가 아니라 아이 삶을 위해서

부모가 자폐 스펙트럼 아이들이 선호하는 의사소통 방식에 대해 배우면, 아이의 가장 기본적인 욕구를 좀 더 쉽게 충족시킬 수 있고, 더욱 자신감 있고 성공한 어른으로 성장하도록 도울 수 있습니다. 생활 코치이기도 한 브라이언은 아이가 가진 잠재력을 최대한 발휘할 수 있게 키우는 것이 중요하다고 강조합니다. 그러면서 그는 빠르게 덧붙입니다.

"교육은 다양한 형태로 이뤄져요. 저는 '치료'에 중점을 두는 교육을 별로 좋아하지 않아요. 이런 교육은 어떤 모습이나 행동이 잘못되었거나 불충분하다는 전제에서 시작되니까요."

그 대신, 브라이언은 부모가 아이 삶의 목표를 이루도록 돕고 있는지 아니면 부모 자신의 목표를 좇고 있는지 먼저 점검해 보라고 합니다. 브라이언은 이렇게 말합니다.

"많은 부모들이 자기 자신을 현실 세계의 표준으로 생각하는 실수를 저질러요. 그래서 아이를 그 길로 이끌려고 노력하지요. 하지만 아이는 부모와 전혀 다른 가능성을 가지고 있어요. 매우 독특한 자신의 길을 걷는 것이지요."

자립 생활에 꼭 필요한 기술과 행동이 있지만, 독립에 성공할 수 있는 다른 방법도 많습니다. 브라이언은 부모들에게 아이가 자신의 재능을 발견하도록 돕고, 성공적인 삶의 멋진 본보기를 제시하며 격려해 주라고 말합니다. 그러면 아이는 자기 목표를 이루는 데 흥미를 갖고 스스로 길을 헤쳐 나갈 수 있습니다. 브라이언은 세 아들을 떠올리며 이렇게 말했습니다.

"제 아이들이 준비 없이 세상에 나갈 수도 있다는 생각이 저를 더욱 강인하게 만들어요. 저는 아이들이 사회에서 불쌍하게 여겨지기보다는 가치가 있는 사람이 되길 바라요."

자폐인을 돕고자 하는 사람들은 자신이 누구의 목표를 지원하고 있는지에 대해서 정직해야 합니다. 가능하다면, 부모나 다른 가족들은 자폐 스펙트럼 아이가 하고 싶어 하는 게 무엇인지 알아내려고 노력해야 합니다. 만약 아이가 그것을 하는 데 필요한 지식과 기술을 가지고 있지 않다면, 가족이 탐색을 시작하는 데 도움을 줄 수 있습니다.

"자폐 스펙트럼 아이는 자신이 가지지 못한 기술을 가진 다른 사람들과 파트너 관계를 맺는 방법을 배워야 합니다."

자폐인들은 일상적 생활부터 더 복잡한 직업적 업무까지 모든 일에 도움이 필요하거나 지원을 원할 수 있습니다. 예를 들어, 혼자 살면서 직장을 다니는 사람들은 정해진 시간에 일어나고, 스스로 식사를 준비하며, 이용할 대중교통을 검색할 줄 알아야 합니다. 만약 자폐인들이 이러한 일들에 어려움을 겪는다면, 다른 사람에게 도움을 구하고 지원을 받는 방법을 배워야 합니다. 신뢰하는 친구들이 아침마다 전화를 걸어 일어났는지 확인해 주거나, 식료품을 배달해 달라고 대신 요청해 주며, 식사 준비를 도와줄 사람을 찾아 주는 것 등을 포함할 수 있습니다. 또 다른 지원 제공자들은 자동차나 보일러의 연료 변화량에 대해서 상기시켜 주거나, 중요한 청구서를 보고 제때 요금을 낼 수 있도록 도와줄 수 있습니다. 브라이언은 자기 삶에 대해서 이렇게 인정했습니다.

"제 삶은 누군가로부터 도움을 받은 직접적인 결과입니다. 저는 사람들과 상호 의존적으로 존재하는 인간입니다."

생각해 보기

- 아이와 의사소통할 때, 가장 답답한 부분은 무엇인가요? 아이의 좌절감을 줄이기 위해 의사소통 방식에서 무엇을 바꿀 수 있을까요?
- 언제, 어디서(예: 하루 중 시간, 환경 등) 아이와 의사소통하는 게 가장 어렵나요?
- 아이의 주된 의사소통 과제는 무엇이라고 생각하나요? 아이는 여러분과 의사소통하는 방식에 대해 무엇을 불만스러워한다고 생각하나요?
- 여러분의 아이는 어떤 미래 계획이 있나요? 아이에 대한 여러분의 미래 계획은 무엇인가요? 서로의 답변을 비교해 보세요.
- 여러분은 아이가 독립적인 성인으로 살아가는 데 어떤 어려움이나 장애물이 있다고 보나요? 아이가 부모나 가족이 아닌 다른 사람으로부터 특정한 지원을 받고, 이러한 지원을 찾을 수 있도록 권장하는 방법은 무엇일까요?

쇼나 힌클(Shawna Hinkle)

아스퍼거 증후군, 우울증, 불안장애 진단을 받은 가정 주부입니다. 세 아이가 있는데, 둘째와 셋째가 자폐 스펙트럼 장애를 갖고 있습니다. 중증 자폐 스펙트럼 장애를 가진 셋째가 학교에서 좋지 않은 일을 겪은 후 홈스쿨링을 하고 있습니다. 쇼나는 중학교 1학년 때부터 글쓰기를 좋아했고, 지금은 '내면의 아스피(Inner Aspie)'라는 블로그(http://inneraspie.blogspot.com/)를 운영하며 비전형적인 가정의 육아에 대한 글을 쓰고 있습니다. 이 외에도 다양한 주제들을 다루지만, 대부분의 글은 자폐 스펙트럼 장애와 장애인의 권리로 연결됩니다.

10 | 쇼나 힝클 인터뷰

자폐인의 공감 능력과 교육 권리 옹호

오해와 편견은 깨고, 교육의 권리는 옹호하고

"도움이 필요한 것은 잘못된 것이 아니에요.
다른 방식으로 일을 처리하고, 자신을 주장하며,
뭔가 다른 것이 필요하다고 말하는 것은
자연스러운 거예요."

친구들과 어울리기 위해

"저는 저에게 뭔가 다른 게 있다는 걸 알았어요. 뭔가 이상한 게 있다는 것을요."

쇼나 힌클은 사회적 관계를 맺을 기회가 적은 작은 마을에서 성장하면서 이런 감정을 느꼈던 걸 기억합니다.

"저는 그 차이점을 어떻게 고쳐야 할지 항상 고민했어요."

쇼나는 외톨이처럼 느껴질 때, 또래 아이들의 행동을 지켜보고 연구했습니다. 쇼나는 '내가 이 행동을 따라 하면, 친구들이 나를 좋아하게 될 거야.'라는 믿음이 있었고, 정확하게 그 행동을 흉내 낼 수 있었습니다. 쇼나가 '친구'라고 부르는 또래는 있었지만, 그들은 사실 쇼나에게 그다지 친절하지 않았습니다.

"제가 아는 많은 자폐 스펙트럼 여자아이들이 또래와 어울리기 위해 노력해요. 하지만 그들은 나중에 기억을 떠올리다 깨닫게 될 거예요. 그 또래들이 자기를 속였거나 무언가가 잘못됐다는 것을요."

쇼나는 또래 친구들과 완벽하게 어울린다고 느낀 적이 없었고, 이 분리감을 내면화한 채 사회관계를 맺었습니다. 쇼나는 또래들에게 친구로서 대우받을 수 있다는 기대감이 낮지만 계속 '우정'을 추구했습니다. 하지만 또래들은 쇼나에게 친절하지 않았습니다. 그리고 쇼나는 당시 정말 이해하지 못했지만, 심각한 괴롭힘을 당했습니다.

쇼나는 또래들과의 관계가 대부분 좋지 않았지만, 선생님들 몇 분과의 관계에서 긍정적인 경험을 했습니다.

"제가 좋아하는 선생님이 두 분 계셨어요. 제가 왜 그랬는지는 잘 모르겠어요. 초등학교 2학년 때 선생님은 정말 좋은 분이셨어요. 선생님은 항상 제가 사람들과 함께할 수 있도록 해 주셨어요. 그리고 중학교 3학년 때 선생님은 제가 글을 쓰는 걸 격려해 주셨고, 개별 과제를 내 주시기도 했어요. 한번은 반 전체가 셰익스피어를 읽은 적이 있어요. 아마도 연극을 하는 프로젝트 수업이었던 걸로 기억해요. 선생님은 제가 조용하고 수줍은 성격인 걸 아셨어요. 그래서 저와 제 친구 중 한 명에게 프로젝트 대신 십자말풀이를 하게 해 주셨어요. 제가 불편함을 느끼지 않도록 그렇게 해 주셨다는 걸, 저는 알고 있었어요."

쇼나는 학교에서 압박감과 불안감을 느꼈지만, 적절한 지원을 받지 못했습니다. 쇼나는 가능한 한 빨리 학교를 그만두고 싶었고 결국 그만두고 검정고시를 쳐 대학에 진학했습니다. 하지만 여전히 쇼나는 압박감과 불안감에 대처하는 기술이 없었고 적절한 지원도 받지 못해서 대학에서도 오래 버티지 못했습니다.

"제가 미리 아스퍼거라는 걸 알았더라면, 필요한 지원을 받을 수 있었을 거예요."

쇼나는 두 아들이 자폐 스펙트럼 장애 진단을 받은 후에, 자폐에 관한 많은 책과 자료를 읽었습니다. 그리고 서른한 살에 마침내 자신도 자폐 스펙트럼 장애 진단을 받았습니다. 쇼나는 그제야 자신이 성장하면서 겪었던 어려움에 대해 더 많이 이해하게 됐습니다. 쇼나는 행복하기 위해서 꼭 많은 친구가 필요한 건 아니라는 걸 깨달았고, 때때로 혼자 있어도 괜찮다는 것을 알게 됐습니다.

쇼나는 현재 어린 두 아들을 양육하고 그들의 필요를 옹호하면서 대부분의 시간을 보냅니다. 쇼나는 블로그에 자폐에 대한 전문 지식과 자신의 경험을 바탕으로 자폐인의 공감 능력과 교육권을 옹호하는 글을 정기적으로 쓰고 있습니다.

내가 다른 사람의 감정에 다르게 반응하는 이유

쇼나는 공감이라는 주제에 대해 글을 쓰는 많은 사람들 중 한 명입니다. 쇼나는 자신을 포함해 다른 많은 자폐인도 다른 사람의 감정을 경험하고 반응할 수 있는 능력이 있다는 사실을 알리기 위해 노력해 왔습니다. 그러나 자폐인은 항상 다른 사람들이 기대하는 방식으로 반응하지 않기 때문에, 때때로 냉담하거나 무심하거나 둔감하거나 무감각한 사람으로 분류되기도 합니다.

쇼나는 어떤 감정이 격해지면, 그 감정을 자기만의 것으로 다루고 싶어 합니다. 쇼나는 누군가 자기에게 격렬하게 화를 내도 당황하지 않고, 비극의 시작을 알리는 첫 구절을 들어도 바로 울지 않을지도 모릅니다. 하지만 그렇다고 해서 그녀가 공감을 하지 않고 감정적 사건에 깊이 감동하지 않는 것은 아닙니다.

쇼나는 감정 공유가 사회적인 능력이라고 말합니다. 쇼나는 대부분의 사회적 상황을 직관보다는 지적인 척도로 처리합니다. 그래서 상대방이 어떤 감정을 나누고자 할 때면 종종 멈춰 버립니다. 쇼나는 비록 자폐인이 감정에 압도되어 다른 사람에게 공감 표시를 못 할지라도 다른 사람을 깊이 배려할 수 있으며, 인간의 모든 감정을 경험할 능력이 있다고 합니다. 또한 자폐 스펙트럼인 두 아들에게서도 이러한 공감 능력을 본다고 합니다.

쇼나는 신경전형인처럼 감정 표현을 하지 않기 때문에 남편과 서로의 감정을 해석하는 데 어려움을 겪고 있습니다. 이 어려움은 결혼 생활을 유지하는 데에도 영향을 미칠 수 있어서 쇼나와 남편은 서로가 생각하고 느끼는 모든 것을 말로 표현합니다. 화가 났다면 왜 화가 났는지, 어떻게 하면 화가 풀릴지 등 모든 것을 말입니다. 상대방이 자신의 생각이나 감정을 알아챌 수 있다고 가정해서는 안 됩니다. 쇼나는 자신의 경험에 비춰 봤을 때, 이것은 공감 능력 부족 때문이 아니라 서로의 감정 표현 방식을 해석하기 어렵기 때문이라고 주장합니다.

쇼나의 경험은 스위스연방공과대학(Swiss Federal Institute of Technology)의 신경과학자들인 헨리 마크람(Henry Markram)과 카밀라 마크람(Kamila Markram)의 자폐인의 공감 능력에 대한 이론을 뒷받침합니다. 이들은 자폐인이 겪는 근본적인 문제는 사회성 결핍이 아니라 공포와 감정, 감각 자극에 과도하게 압도되는 반응을 포함한 '경험에 대한 과민 반응' 시스템과 관련이 있다고 설명합니다. 이들에 따르면, 자폐인은 실제로 신경전형인보다 더 강렬한 공감을 경험할 수 있습니다. 그런데 감정적 사건에 대한 반응이 신경전형인과 다르기 때문에 자폐인의 감정이나 정서, 공감 능력에 대한 오해가 생긴다고 합니다.[41]

어떤 사람이 감정적인 사건에 과소 반응하면, 다른 사람들은 그가 무신경하거나, 그 상황의 감정적 복잡성을 제대로 이해하지 못한다고 생각할 수 있습니다. 안타깝게도 자폐인은 오랫동안 이런 식으로 평가되어 왔습니다. 자폐인은 사회적 측면을 거의 고려하지 않고 '자기만의 세계'에서 사는 것으로 고정 관념화됐습니다. 그러나 이런 회피는 자폐인이 감정이나 정보의 과부하 상태일 때 전형적으로 보이는 반응입니다. 쇼나는 많은 자폐인이 감정적 사건에 회피와 같은 방식으로 대처한다고 해서 신경전형인보다 덜 인간적이라고 할 수는 없다고 말합니다.

자폐인의 공감에 대해 글을 쓴 작가로 신시아 킴(Cynthia Kim)도 있습니다. 40대 초반에 아스퍼거 증후군 진단을 받은 신시아 킴은 자신의 홈페이지에 〈공감의 수수께끼(The Empathy Conundrum)〉[42]라는 제목으로 올린 게시물에서 자폐인이 공감 능력이 있는지 없는지 판단하는 것은 간단한 문제가 아니라고 했습니다.

신시아 킴은 자신에게 '공감 결핍'이 있다고 주장하며, "저는 다른 사람의 입장을 자발적, 본능적으로 받아들이는 데 어려움을 겪습니다."라고 했습니다. 하지만 신시아 킴은 공감 결핍이 동정심이 없거나 감정이 없거나 덜 인간적이라는 것을 의미하지는 않는다고 합니다. 다만 사회적 상황을 이해하는 데 신경전형인보다 더 많은 정보가 필요할 수 있다는 겁니다. 사람들은 감정을 공유하지 않는 신시아 킴의 반응이 비정상적이라고 생각할지도 모릅니다. 신시아 킴은 어떤 상황에서는 대부분의 사람들이 본능적으로 느끼는 것을 이해하기 위해 더 열심히 노력해야 할 수도 있습니다. 신시아 킴은 자폐인의 공감 능력이 "그 이상도 그 이하도 아닌, 딱 그 정도"라고 선을 그었습니다.

자폐인은 공감 능력이 부족하다는 편견의 시작

자폐인들에게 공감 능력이 부족하다는 생각은 1985년에 심리학자 사이먼 배런-코언(Simon Baron-Cohen), 앨런 M. 레슬리(Alan M. Leslie), 우타 프리스(Uta Frith) 등이 논문 〈자폐 아동은 '마음 이론'을 가지고 있는가?(Does the autistic child have a 'theory of mind'?)〉[43]를 발표하면서 널리 퍼졌습니다. 이들은 자폐인이 다른 사람의 생각과 감정을 상상하는 능력인 '마음 이론'을 활용하는 데 어려움을 가지고 있거나, '마음맹(mind-blindness)'이라고 생각했습니다. 공감에는 인지적 공감(cognitive empathy)과 정서적 공감(affective empathy)이라는 두 유형이 있습니다. 인지적 공감은 다른 사람이 생각하거나 느끼고 있는 것을 해석하는 능력입니다. 신시아 킴이 말한 공감 결핍은 인지적 공감 결핍입니다. 정서적 공감은 다른 사람의 감정을 공유하는 것입니다.[44]

자폐인 가운데 일부는 전반적으로 인지적 공감에 어려움을 겪습니다. 다른 자폐인은 특정한 상황이나 환경에서 인지적 공감에 어려움을 겪을 수도 있습니다. 그러나 이는 자폐인에게 인지적 공감 기술이 모두 부족하다는 것을 의미하지는 않으며, 정서적 공감이 없다는 것을 의미하지도 않습니다. 자폐인이 공감 능력이 부족하다는 생각은 인간의 중요한 특성이 자폐인에게 결핍되어 있다는 암묵적인 편견을 드러냅니다. 편견은 부모와 자폐 스펙트럼 아이, 사회와 자폐인 개인 사이에 층위를 나누며 파괴적인 권력의 차이를 가져올 수 있습니다. 슬프게도, 이러한 힘의 차이는 부모가 아이를 더 무시하게 만들 수 있고, 극단적인 경우에는 자폐인에 대한 신체적, 정서적 학대로 이어질 수 있습니다.[44]

부모가 해 줄 수 있는 교육적 옹호

쇼나가 자폐인을 옹호하는 또 다른 영역은 교육입니다. 자신의 두 아들을 포함해서 자폐 스펙트럼 아이들이 받아야 할 교육권을 옹호하는 일이 중요하다고 생각하기 때문입니다. 쇼나는 아들들이 이전에 다니던 학교에서 교사와 관리자가 아이들의 요구를 정확하게 반영해 개별화교육계획(IEP)을 세우게 하고, 그 계획을 실행하도록 촉구하는 일에 어려움을 겪었습니다.

"제 작은아들은 지원을 충분히 받지 못했어요. 그들은 저에게 '그냥 받아들이고 넘어갑시다.'라고 말했어요. 또한, 그들은 제 아들이 중증의 심한 장애를 가지고 있었기 때문인지 아들에게 기대치를 높이 갖지 않았어요. 저는 아들을 위해, 학교가 그저 종일 보육 정도의 일만 하고 있지는 않은지 확인해야 했어요."

개별화교육계획 세우기 공립 학교에 다니는 학생이라면, 학업적 능력이나 요구가 다르거나 학업에 영향을 미치는 장애를 가졌을 경우 개별화교육계획의 대상자가 될 수 있습니다. 학교는 개별화교육계획이 한번 세워지면 그대로 실행하기 때문에 마치 바꿀 수 없는 것처럼 여겨집니다. 하지만 쇼나는 부모에게는 언제든지 아이에게 적합한 요소를 추가하거나 변경할 수 있는 권리가 있다고 강조합니다. 개별화교육계획은 여러 차례의 교육적 조사를 통해 수집한 자료를 기반으로 세웁니다. 그런데 조사는 특정 기간에 이뤄지기 때문에, 결과가 아이를 정확하게 반영하지 못할 수 있습니다. 그러면 부모는 이에 대해 목소리를 낼 수 있습니다.

게다가 개별화교육계획은 아이마다 가진 모든 특별한 요구를 다루지 못할 수도 있습니다. 개별화교육계획은 교육을 받을 아이들에게 일반적으로 필요한 부분에 대한 교육적 추론으로 세웁니다. 아이들 중 일부는 인지, 소근육 운동, 대근육 운동, 언어, 듣기, 시각적 요구 등을 가질 수 있습니다. 부모는 아이의 특별한 요구가 개별화교육계획에 담길 수 있게 의견을 개진해야 합니다. 부모는 개별화교육계획 회의 며칠 전에 아이의 계획안을 미리 살펴보고 수정하고 싶거나 추가로 제안하고 싶은 사항 등을 회의에서 논의할 수 있도록 준비해야 합니다.

쇼나는 개별화교육계획 회의에서 학부모들이 아이를 옹호하는 데 있어 가장 중요한 문제 중 하나가 부모 자신들보다 교직원들을 '더 대단한 전문가'라고 생각한다는 점이라고 덧붙였습니다. 쇼나는 부모들에게 자신들이 개별화교육계획 수립 팀의 동등한 구성원임을 잊지 말라고 충고합니다.

"조금은 바보 같은 소리일지도 모르겠어요. 하지만 그래도 저는 회의 중에 제가 다른 사람들과 마찬가지로 교육적 지식이 아주 풍부하며 의사결정에 중요한 존재라는 걸 일깨워 주기 위해 끊임없이 노력했어요."

개별화교육계획 점검하기 부모에게 개별화교육계획이 잘 실행되고 있는지 정기적으로 실제 모습을 확인하고 점검하는 기회가 주어진다면, 부모는 아이의 학업 환경에 안심할 수 있습니다. 쇼나는 아이들이 학교에서 매일 겪는 일상을 알기 위해서 부모들이 가능한 한 자주 교실을 관찰하거나 참여하라고 권합니다. 학교가 허락한다면, 어린아이를 둔 부모들은 수업을 보조하는 자원봉사자가 되어 아이의 학교 일과를 직접 볼 수도 있고, 공식적으로 참관을 할 수도 있습니다. 또한 부모는 직접 관찰하는 것 대신에 아이의 특수교육실무사에게 매일의 수행 수준에 대해 높고 낮음을 평가하여 기록한 알림장을 회신해 달라고 하거나 부모가 중요하다고 판단한 특정 정보를 학교에 고지해서 이를 교사나 특수교육실무사에게 공유시켜 달라고 요청할 수도 있습니다.

"큰아들은 통합 교육 교실에 배치되었어요. 사람들은 큰아들의 경증 자폐를 이해하지 못했고, 아들을 백만 배는 더 힘들게 만들었어요. 그런데 작은아들은 정반대였어요. 작은아들은 말을 할 수 없는 비구어 자폐 스펙트럼 장애였어요. 작은아들의 장애가 아주 심한 편이라 그런지, 학교 측에서는 작은아들에게 큰 기대를 가지지 않았어요."

자폐 스펙트럼 아이를 둔 부모가
학교 측에 바라는 것

쇼나의 아들은 학교에서 이유를 알 수 없는 멍이 든 채 집으로 돌아온 적이 있었습니다. 쇼나는 이 불행한 상황을 처리하는 과정에서 학교 측에 크게 실망했습니다. 학교 측은 처음부터 아주 방어적이었습니다. 쇼나는 "학교 측이 제 아들의 안녕을 최우선에 두는 대신, 어떤 잘못에도 연루되지 않으려고 훨씬 더 신경을 쓰는 모습을 보였어요."라고 말했습니다. 학교 측에서는 아들의 부상에 관해 설명하지 못했습니다. 쇼나가 느끼기에 학교 측은 그 상황을 다루는 것을 두려워했습니다.

"그들은 마치 원수를 대하듯 저를 대했어요. 제가 계속 아들에게 무슨 일이 일어났는지 알고 싶어 했기 때문일 거예요."

이런 상황에서 해결책을 찾기란 불가능했습니다. 쇼나는 학교 관리자들이 적대적인 태도가 아니라 존중하는 태도로 상황을 해결하려고 했다면 더 많은 조치를 할 수 있었을 것이라고 말합니다.

학교가 쇼나에게 필요한 정보나 지원을 제공하는 데 미흡했기 때문에, 쇼나는 아들을 자퇴시키고 홈스쿨링을 하기로 마음먹었습니다. 홈스쿨링을 하는 데에는 아이의 학업 성취와 정서적, 신체적 안전을 보장하기 위해 신뢰할 수 있는 전문가를 찾아야 하고, 그들과 정기적인 소통을 계속해야 한다는 중요한 과제가 있습니다.

생각해 보기

- 아이는 어떤 측면에서 공감을 나타내나요?
- 교육을 위해 학교에서 수립한 개별화교육계획이나 자립 생활을 위해 공공기관에서 수립한 개인별지원계획을 어떻게 수정할 수 있을까요?
- 아이와 개별화교육계획에 대해서 논의했나요? 아이가 개별화교육계획 회의에 직접 활동적으로 참여하도록 어떻게 격려할 수 있을까요?
- 아이가 학교에서 안전하고, 편안하며, 생산적으로 생활하고 있다는 걸 어떻게 파악할 수 있나요?
- 어떻게 해야 학교에서 아이를 위한 유능한 옹호자로 자리매김할 수 있을까요?
- 어떻게 하면 아이가 다니는 학교와 좀 더 원활하게 소통할 수 있을까요?

개빈 볼라드(Gavin Bollard)

오스트레일리아에서 태어난 자폐인 블로거이자 IT 전문가입니다. 시드니공과대학교를 졸업한 후 IT 관리자로 직업 생활을 시작했고, 2000년부터 오스트레일리아 결제망(AusPayNet)의 IT 관리자로 일하고 있습니다. 2006년 여섯 살이던 첫째 아들이 아스퍼거 증후군 진단을 받은 후, 아버지인 개빈도 아스퍼거 증후군 진단을 받았으며, 이후 막내아들이 자폐 스펙트럼 장애 진단을 받았습니다. 개빈은 아스퍼거 증후군에 대한 지식을 늘리기 위해 '아스퍼거와 함께하는 삶(Life with Asperger's)'이라는 블로그(https://life-with-aspergers.blogspot.com/)를 운영하고 있습니다. 블로그에는 자폐 수용, 따돌림, 옹호, 약물 치료 및 고용을 포함하여 다양한 주제로 자폐 스펙트럼 부모와 아이를 돕기 위한 여러 시리즈 게시물이 있습니다.

11 | 개빈 볼라드 인터뷰

자폐인의 직업 찾기와 직장 생활

집안일을 할 수 있다면
직업을 가질 수 있어요

"때로는 남들과는 좀 다른 사람들이 가진
독특한 기술이 필요할 때가 있어요.
그러니까 남들과 다른 사람인 것을
두려워하지 마세요."

직장 생활, 일에 몰두하다 보니……

"다른 동료들보다 일찍 일을 시작하고 늦게까지 했는데도 불구하고 제가 모든 일을 끝낼 수 없다는 걸 알았을 때, 이 문제에 대한 고민도 시작되었어요."

오스트레일리아에 사는 개빈 볼라드는 낮은 근긴장도와 무리한 업무로 손을 다쳤습니다. 개빈은 많은 자폐인들이 자신과 같은 위험에 놓여 있다고 말합니다. 왜냐하면, 자폐인의 생활 방식과 신체적 특성이 산업 재해의 발생 가능성과 심각성을 높이기 때문입니다. 예를 들어, 개빈은 집중력이 높지만 근긴장도가 낮아 근육의 힘이 약한데 컴퓨터 사용 위주의 업무를 하다 보니, 자신이 고통스러운 줄도 모르고 하루 종일 일에만 몰두했습니다. 개빈은 최근에 업무량이 늘었는데, 자기 몸이 감당하지 못한다는 사실을 미처 깨닫지 못했습니다.

"이런 문제에 대해서 상사와 상의할 필요가 있다고 생각하지 않았어요. 저는 그냥 제가 일을 하는 데 시간을 쏟아야겠다는 생각만 했지요. 동료가 제 부어오른 팔과 손을 보고, 제가 얼마나 고통스러워하는지 알고 나서야 경영진에 보고되었고, 저는 회사 차원의 중재를 받을 수 있었어요."

회사에는 개빈이 가진 능력과 기술이 꼭 필요했습니다. 그래서 상사는 개빈이 일을 지속하는 데 필요한 체력을 회복할 수 있게 몇 가지 중재를 지원했습니다. 예를 들어, 상사는 개빈이 회복하는 동안에 대신 타이핑을 할 누군가를 찾았습니다. 그리고 개빈이 말하는 것을 받아쓸 수 있는 소프트웨어를 설치하는 등 개빈의 업무 환경을 재구성했습니다. 회사에서는 침술 치료도 지원했습니다. 개빈은 침술이 심한 통증을 줄이는 데 도움이 되는 것 같았습니다. 또 회사에서는 개빈을 개인 트레이너가 있는 체육관에 보냈습니다. 그래서 직무에 필요한 근육을 만들 수 있게 했습니다. 그리고 개빈이 컴퓨터 앞에서 초집중하여 한 시간 이상 작업할 때, 경고를 해 주는 소프트웨어를 설치해 주었습니다. 이러한 중재 지원 덕분에 개빈은 업무를 수행하면서 적절한 휴식을 취할 수 있었습니다. 또 스스로 통증을 적절하게 관리하면서 생산성을 회복하는 데 도움을 받았습니다.

개빈은 중재 지원을 받으면서도 몇 번 통증을 느꼈지만, 처음처럼 심하지 않았습니다. 이후로 개빈은 초기에 신체 징후를 감지하고 증상을 관리하는 방법을 배웠습니다. 또한 자기 옹호를 하는 법과 프로젝트에 더 많은 공을 들여야 할 때 상사에게 자기주장을 하는 법도 배웠습니다. "대규모 신규 프로젝트가 우선순위로 주어질 때, 제가 흔히 하는 말 중 하나는, '좋아요. 그런데 이 업무를 마치려면 제가 다른 업무에서 손을 떼야 해요. 그게 어떤 업무이길 바라세요?'라는 말이에요." 개빈이 이렇게 말하면 회사는 개빈의 현재 업무량과 우선순위에 대해 논의하고, 덜 중요한 업무 중 일부를 다른 직원에게 다시 배정해야 한다는 걸 알아차렸습니다.

개빈은 일을 하면서 자신이 '정상적'이라고 느낀 적이 없었습니다. 서른일곱 살에 자폐 스펙트럼 장애 진단을 받은 후 개빈은 그동안 느꼈던 불편함의 이유를 좀 더 이해했습니다.

"자폐 스펙트럼 장애 진단이 저에게 그렇게 큰 의미는 아닌 것 같아요. 제게는 그저 행동, 동기, 능력 등에서 다른 사람들과 조금 다르다는 걸 의미할 뿐이에요. 감정이 격앙된 경우를 제외하고는 '정상적인' 사람들 주변에서 저는 여전히 편안함을 느낄 수 있어요."

집에서 시작하는 직업 생활 준비, 그리고 이상적인 직무 환경과 멘토 찾기

자폐인들은 성인이 되어 잘하는 일을 찾더라도, 여전히 성공을 가로막는 다양한 벽에 직면하게 됩니다. 개빈은 자신이 가진 사회적 어려움을 이해하고, 지원해 줄 직장을 찾는 방법을 배웠습니다. 예를 들어, 개빈은 자신이 설정한 기준의 최소 90퍼센트를 충족하지 않으면 입사 원서를 내지 않았습니다. 개빈은 개인적이고 직업적인 욕구를 실현하는 게 중요했고, 이를 기준으로 직업과 직장을 선택했습니다.

"자신을 받아들이고 자기 자신이 되세요. 독특한 사람들이 가지고 있는 기술은 인기가 많아요. 그러니 독특한 사람이 되는 걸 두려워하지 마세요. 혼자만의 공간과 고독의 필요성 같은 자신의 요구를 인식하고, 이런 요구를 충족시킬 직업을 선택하세요. 또한, 자신의 특별한 관심사를 따라 직업을 선택하고, 오랫동안 일하고 싶을 테니 개인적으로 즐길 수 있는 분야를 골라 보세요."

자폐인들은 직장을 구하고, 유지하고, 직급을 올리는 데 다양한 이유로 어려움을 겪을 수 있습니다. 개빈은 같은 회사에서 15년 동안 근무했고, 급여도 괜찮았으며 일도 재미있었기에 직업 생활이 나름대로 성공적이라고 말합니다. 하지만 자폐가 회사에서 승진 사다리를 오르는 데 방해가 되었다는 점은 인정합니다. 한때 개빈은 높은 직위에 있었습니다. 하지만 다른 사람들을 관리하고, 고위 관리자들과의 관계를 유지하는 게 자신에게는 너무 어렵다고 판단해서 직위를 바꾸었습니다. 그는 "더는 그 직위에 있지 않아서 다행"이라고 말했습니다.

자폐인에게 불리한 취업 면접

많은 자폐인들이 짧은 시간 동안 면접관들과 대면하고 즉각적인 평가를 받습니다. 2015년 미국 드렉셀대학교에서 발표한 연구 보고서는 자폐인이 면접에서 겪는 어려움 때문에 취업 경쟁에서 불리하다는 점을 보여 줍니다. 보고서의 저자들은 자폐인 20명(평균 범위의 문제 해결 능력과 비언어성 IQ를 가지고 있다고 검사된 성인)과 비자폐인 20명의 면접 대화를 녹음했습니다. 그리고 대학생 59명에게 녹음된 대화를 들려주고 의사소통의 질을 평가해 보라고 했습니다. 대학생들은 말투, 문법, 어휘, 말의 속도 및 사회적 화법에서 자폐인들이 유의미한 어려움을 더 보인다고 말했습니다. 보고서는 면접관이 평균적으로 비자폐인 집단의 75퍼센트에게 2차 면접 기회를 주는 반면, 자폐인 집단에서는 30퍼센트만 줄 것이라고 결론 내렸습니다.[45]

직업 생활 준비 개빈은 아이의 직업 생활 준비를 집에서 시작하라고 말합니다. 부모는 자폐 스펙트럼 아이가 직장 환경의 복잡한 사회적, 육체적, 정신적 요구에 대비하도록 준비시켜야 하는 어려운 과제를 안고 있습니다. 직업 생활에 대한 대비는 아이가 어릴 때부터 규칙적으로 집안일을 돕게 하는 것으로 시작할 수 있습니다. 개빈은 집안일에 대한 동기 부여를 '보상'으로 하기보다는, 가능하면 가족 전체나 엄마, 아빠를 도울 수 있다고 설명해서 내적인 동기 부여를 일으키라고 조언합니다. 개빈도 보상 차트를 활용할 때 더 잘하는 아이가 있다는 걸 압니다. 하지만 두 아들에게는 이 방법을 사용하지 않으려고 노력하는 편입니다. 아들들이 집안일을 도우면, 개빈은 가끔 게임 시간을 더 주거나, 밤에 자야 할 시간을 늦춰 주거나, 특별한 디저트를 주는 보상을 하기도 합니다. 그러나 집안일을 도우면 보상을 받는다는 식으로 아들들이 생각하지 않도록 늘 주의합니다.

개빈의 아들들은 집안일을 성공적으로 완수하기 위해 때때로 작업 단계를 세분화해 순서를 정하고 할 일을 구체화하는 '과제 분석(task analysis)' 기술이 필요했습니다. 개빈은 이 기술이 직업 생활을 하는 데 꼭 필요하므로 부모가 아이들에게 반드시 가르쳐야 한다고 강조합니다.

"집안일은 '제대로' 해야 해요. 제 아버지는 '그 일이 할 가치가 있다면, 그건 곧 잘해야 하는 가치가 있다는 말이다.'라고 말씀하셨어요. 저는 제 아들이 집 앞 쓰레기 배출 장소까지 쓰레기 봉지를 끌고 가서 버리는 모습을 보기 전까지 그 말이 얼마나 중요한지 알지 못했어요. 봉지가 시멘트 바닥에 쓸려 찢어지면서 쓰레기가 쏟아지고 있었거든요. 요즘 저와 아내는 아들들에게 이렇게 말해요. '봉지를 끌지 말고 들어. 배출 장소에 가서 지정된 통에 봉지를 넣고, 주변에 떨어진 것이 없는지 확인해. 떨어진 것이 있으면 주워서 통에 넣어야 해.' 그래도 여전히 배출 장소 근처 여기저기에 쓰레기가 나뒹굴고, 저는 발견한 쓰레기를 모두 치운 다음 출근을 해요. 하지만 우리 부부는 모든 단계에서 지도와 점검을 계속 반복하면, 결국, 반드시 결국, 아이 몸에 배어 습관이 된다는 걸 알았어요. 우리는 회사가 따로 시간을 들여 모든 업무를 세분화해서 구체적으로 할 일을 정하거나 아이와 함께 일이 잘됐는지 확인하는 과정을 거치지 않을까 봐 걱정해요. 그래서 아이들이 자기 능력 안에서 매사에 최선을 다하고 제대로 하도록 가르치는 것이 중요해요."

개빈은 부모가 아이에게 집안일을 하는 습관을 만들어 주고, 가족의 한 구성원으로서 집안일에 대한 책임감을 갖게 해 주어야 한다고 말합니다. 그러면 직장에서도 책임감 있는 행동을 이어 갈 확률이 더 높아진다고 생각하기 때문입니다.

이상적인 직무 환경 찾기 개빈은 다른 모든 아이들과 마찬가지로 자폐 스펙트럼 아이도 자신의 특정한 기술이나 관심 영역 내에서 직업을 탐색하도록 권장하는 게 최선이라고 합니다. 자폐인들은 대개 사회적 상황과 얽히지 않고 독립적으로 작업을 하는 분야에서 더 능률적입니다. 하지만 모든 자폐인이 그렇다고 생각해서는 안 됩니다. 개빈은 직장을 선택할 때 직무 환경이 당사자에게 적합한지 먼저 따져 보라고 합니다. 모든 고용주가 신입 사원을 위해서 그 전에는 없던 편의를 따로 제공하지는 않기 때문입니다. 개빈은 "예를 들어, 아이가 형광등에 민감하다면, 아마도 사무실에서 근무하는 직장은 최고의 시작점이 아닐 수 있어요."라고 말합니다.

자폐인 직원의 가치

자폐인 각각은 고용 시장에서 시선을 끌 다양한 기술을 가지고 있습니다. 개빈의 경우와 같이 많은 고용주가 자폐인이 가진 기술의 가치를 이해하고 있습니다. 2013년 영국의 일간지 《파이낸셜 타임스(Financial Times)》는 덴마크의 사회적 기업이자 IT 기업인 스페셜리스테른(Specialisterne)의 설립자 토르킬 소네(Thorkil Sonne)에 관한 기사를 실었습니다. 자폐 스펙트럼 아이를 둔 토르킬 소네는 오랫동안 다녔던 통신 회사의 최고 기술 책임자직을 버리고 스페셜리스테른을 차려 데이터 입력, 소프트웨어 프로그래밍 및 검사·검수 직무에 자폐인을 고용했습니다.[46] 토르킬 소네의 자폐인 고용 전략은 성공했고, 이제 다른 회사들도 이 전략을 씁니다. 소프트웨어 회사인 SAP는 자폐인들이 가진 특별한 기술을 인정하며, 2020년까지 직원의 1퍼센트 이상을 자폐인들로 구성한다는 목표까지 수립했습니다.[47] 누군가는 자폐인 우선 고용이 역차별이라고 주장할 수 있습니다. 하지만

> 기업이 직무에 우수한 능력을 발휘하는 인재를 우선 고용의 대상으로 삼는 걸 특별 대우라고 할 수는 없습니다. IT 분야의 자폐인 고용은 기업과 사회 전체에 자폐인이 기여할 가치가 있음을 인정하는 새로운 시도로 봐야 할 것입니다. 모든 자폐인에게 잘 맞는 직무는 특정할 수 없지만 자폐인들이 직업인으로 자리 잡도록 돕는 조건은 있습니다. 아스퍼거증후군훈련및고용파트너십(ASTEP)의 의장인 마샤 셰이너(Marcia Scheiner)는 《인적 자원 경영(Human Resource Executive)》이라는 매거진에 기고한 글에서, 자폐인은 자신에게 주어진 일이 구체적으로 무엇인지 이해할 때 그 일을 보다 잘 해낼 수 있다고 했습니다. 실제로 자폐인들은 대부분 직무 과제와 기대치가 명확하게 정의됐을 때 일을 잘합니다.[47] 마샤 셰이너는 회사의 인사 부서가 자폐인들을 위한 편의 시설을 마련하고 자폐인들이 이해 가능한 직무를 맡기는 방법을 앞장서서 고민해야 한다고 말했습니다.

멘토 찾기 개빈은 직장에서 자신에게 지원, 조언, 행동이나 태도 변화에 도움을 줄 수 있는 동료를 찾았습니다. 개빈은 신뢰할 수 있는 동료들 중 한 명이 살짝 옆구리를 찌르거나 넌지시 말을 건네면 하던 일을 멈추라는 신호임을 알게 됐습니다. 또한, 너무 일에 집중하다 몸이 지치지 않게 제때 휴식을 취하고 있는지 확인해 주는 동료가 있어서 몸 관리를 할 수 있었습니다. 개빈에 따르면, 일할 때 편안함을 주는 신경전형인이 자폐인에게 멘토가 되어 줄 수 있습니다.

개빈은 멘토가 업무 관련 목표를 설정하는 데 도움을 줄 뿐만 아니라 부서나 직무 전환으로 힘든 시기를 겪을 때에도 지원을 해 줄 수 있다고 믿습니다. 멘토는 자폐인의 요구 사항을 옹호하고, 효율성과 전반적인 만족도를 높이는 최적의 업무 환경을 마련하는 데 도움을 줄 수 있습니다. 인사 부서가 자폐인이 적절한 멘토를 찾고, 멘토와 좋은 관계를 맺을 수 있도록 나서 주면 좋습니다.

직업인으로 빛을 발하는 특별한 관심과 기술

개빈은 자신에게 특화된 일을 찾은 후, 동료들과 관계를 구축할 수 있었습니다. 개빈은 15년 동안 컴퓨팅에 관한 자신의 특별한 관심과 기술을 모두 활용해 금융 규제 기관의 IT 책임자로서 성공적으로 일해 왔습니다. 직업은 개빈에게 딱 들어맞았고, 동료들은 개빈의 재능을 인정했습니다.

"회사 동료들은 이제 제품 키와 시리얼 넘버를 기억하고 방대한 양의 컴퓨터 코드, IP 주소, 대화를 녹취 수준으로 기억하는 제 인지력에 많이 의지하고 있어요. 몇 년 전만 해도 제 특성을 의아하게 봤었는데 말이지요."

개빈은 자신의 직업적 성취가 "큰 그림을 보고, 논리적으로 생각하는" 능력에서 왔다고 말합니다. 예를 들어, 많은 IT 관련 문제에 대한 개빈의 해결 방법에는 코드의 관점에서 '봄(looking)'으로써 상황 평가를 한 것이 포함되어 있습니다. 이것 역시 그의 동료들이 의아하게 생각했던 특성이었지만, 지금은 가치 있는 역량으로 받아들여지고 있습니다.

생각해 보기

- 아이가 직업 현장의 유능한 구성원이 되는 데 어떤 장애물이 있나요?
- 어떻게 하면 아이에게 적합한 직업을 아이가 희망하도록 잘 권할 수 있을까요?
- 여러분의 성인 자녀는 직장의 요구를 충족하는 데 어떤 어려움이 있나요?
- 여러분의 성인 자녀는 직장 내에서 자기 옹호를 어떻게 배울 수 있을까요?

안젤라 앤드루스(Angela Andrews)

데이터 설계자이자 분석가이며, 다섯 아이의 어머니입니다. 어렸을 때부터 다른 아이들과 달랐지만 '정상적'이기 위해 노력했고, 스물한 살 때 아스퍼거 증후군 진단을 받고는 이를 스스로 거부했습니다. 하지만 세 아이가 자폐 스펙트럼 장애 진단을 받은 뒤 스물일곱 살에야 자폐 스펙트럼 장애 진단을 받아들였습니다. 이후 안젤라는 자신이 겪는 어려움을 해결하기 위한 방법을 찾았고, 서른한 살에 공부를 다시 시작해 뉴햄프셔주 맨체스터에 있는 서던뉴햄프셔대학교에서 데이터 분석학 석사 학위를 받았습니다. 현재는 신경다양성을 수용하는 회사에서 데이터 분석 관련 일을 하고 있으며, 자폐를 '축복'이라고 생각하고 있습니다.

12 | 안젤라 앤드로스 인터뷰

다른 성장의 길과 한계 뛰어넘기

한계를 뛰어넘을
아이를 위해

"자폐는 질병이 아니라 제 성격의 필수적인 부분이에요.
자폐를 '치료'한다는 것은 저라는 사람 자체를 '치료'하는 거예요.
세상에는 제가 참을 수 없는 성격을 가진 사람들이 많아요.
하지만 저는 그들을 '치료'하려고 하지 않아요."

다른 성장의 길을 걷는 아이들

"안젤라의 생각은 제가 지금까지 본 그 어떤 아이들과도 다릅니다."

안젤라 앤드루스의 유치원 선생님은 안젤라의 엄마에게 안젤라가 지능 검사 중 일부 질문에 이상한 대답을 했다고 말했습니다. 이 검사는 모든 아이들이 초등학교 1학년이 되기 전에 받는 것이었습니다. 선생님은 안젤라의 엄마가 상황을 명확히 이해할 수 있게 구체적으로 예를 들어 설명해 주었습니다.

검사 시간에 선생님은 각 아이들에게 똑같은 외양간 그림을 보여 주었습니다. 그림은 외양간 안에서 농부가 여러 다른 동물들에 둘러싸인 소의 젖을 짜는 모습을 담고 있었고, 그 모습이 종이의 90퍼센트 이상을 차지하고 있었습니다. 검사에 참여한 아이들 대부분은 외양간 안에서 무슨 일이 일어나고 있는지에 대해서 이야기했습니다. 그런데 안젤라는 외양간 바깥의 어둡고 비가 내리는 상황에 대해 이야기하는 데 검사 시간의 대부분을 썼습니다. 안젤라의 묘사는 정확하긴 했습니다. 하지만 다른 아이들이 일반적으로 묘사했던 장면은 아니었습니다. 선생님은 안젤라의 엄마에게 안젤라가 대부분의 아이들과 다른 성장의 길을 걷는 것 같다며, 앞으로 안젤라를 주의 깊게 지켜보라고 말했습니다.

안젤라는 정말로 다르게 성장했습니다. 이런 경험은 안젤라가 두 명의 자폐 스펙트럼 아이를 키우는 데 귀중한 관점을 갖게 해 주었습니다. 안젤라는 자폐 스펙트럼 아이들이 성장하는 데 여러 난관이 있더라도 주류 사회에서 살아남는 방법을 배워야 한다고 주장합니다. 안젤라는 자폐를 제대로 이해하지 못하고 수용하지 못하는 사회에서 어려움을 겪었지만, 이를 극복하며 성장했습니다. 안젤라는 자신이 그랬듯 아이들도 어려움을 극복하고 성장할 수 있게 돕고 있습니다.

아이를 과잉보호하지 마세요

　부모는 아이를 위한다는 생각으로 최선을 다합니다. 부모는 세상의 비웃음으로부터 아이를 보호하고자 합니다. 또, 아이가 성공하고 나름대로 행복한 삶을 살기를 바랍니다. 하지만 안젤라는 부모가 과도하게 아이를 보호하면, 아이가 세상을 온전히 볼 기회를 얻지 못해 결과적으로 배움과 성장의 기회도 놓칠 수 있다고 경고합니다. 자폐 스펙트럼 아이는 사회성 발달의 차이로 인해 어린 시절을 어렵게 보내는 경우가 많습니다. 이때 부모들은 종종 아이를 과도하게 보호하는데, 과잉보호는 신경전형인 사회에서 독립적으로 살아갈 능력을 키우는 데 지장을 줍니다. 안젤라와 같은 맥락에서 리디아 웨이먼(07 인터뷰)은 사회관계를 개방적으로 맺는 것이 자폐인에게 중요하다고 말합니다. 폐쇄적으로 자폐인들과만 시간을 보내는 것보다 더 많은 사회 구성원에 다양하게 노출되기 때문입니다.

　"자폐인들을 그저 보호하고, 자폐 행동에 맞춰 주며, 온실 속 화초처럼 격리하고 있다면, 그건 실패를 맛볼 레시피를 써 나가고 있는 거예요."

　안젤라는 자폐인이 신경전형인 사회에서 성장하는 방법을 배울 수 있게 사회 속으로 들어가도록 만들어 주는 일이 중요하다고 강조합니다. 자폐인을 수용하는 사회를 만드는 일은 중요합니다. 하지만 그보다 자폐인이 주류 사회에서 스스로 헤쳐 나가는 방법을 배우도록 돕는 일이 더 중요하다는 것입니다.

　공포증을 줄이는 점진적 노출 안젤라는 자폐 스펙트럼 아들이 신경전형인 세상에 더 많이 접근할 수 있게 점진적인 노출 전략을 활용했습니다.

"세상은 자폐 스펙트럼 아이가 원하는 대로 돌아가지 않아요. 그러니까 이 세상에 적절하게 대처하는 방법을 배워야 해요."

안젤라는 아들에게 환경적 공포가 있다는 걸 알아차렸습니다. 안젤라는 아들이 공포를 유발하는 대상물에 다가가도 뇌가 더는 이것들을 위협으로 인식하지 않도록 훈련하는 노출 치료를 전략으로 채택해 중재했습니다. 안젤라는 아들이 안전하게 뒤로 물러나 쉴 수 있는 장소를 제공하면서, 아들을 공포 대상물에 점진적이고 지속적으로 노출시켰습니다.

안젤라의 10대 아들에게는 많은 공포증이 수년간 지속적으로 나타났고, 어떤 공포증은 갑자기 새롭게 생겼습니다. 안젤라는 이런 공포증들의 원인을 파악하는 데에 어려움을 겪었습니다. 그래서 차선책으로 아들이 공포감에 압도당하지 않고, 사회생활에 방해받지 않도록 각각의 공포증을 해결할 전략을 세우는 데 집중했습니다.

안젤라의 아들이 가진 공포 대상물 중 하나는 천장 선풍기였습니다. 안젤라는 아들이 좋아하는 비디오 게임을 하는 동안, 천장 선풍기를 몇 분씩 켜 놓곤 했습니다. 그리고 점차 그 시간을 늘렸습니다. 한편으로 안젤라는 아들에게 천장 선풍기로 인해서 스트레스를 받은 정도를 표시할 방법을 가르쳤습니다. 또 심각한 짜증이나 울화를 표출하는 탠트럼(tantrum) 행동을 강화하고 싶지 않았기에, 먼저 심리적인 붕괴 증상인 멜트다운(meltdown)을 유발하지 않도록 조심했습니다.

한번은 선풍기가 달린 일광욕실이 있는 친구 집을 방문했습니다. 그날은 매우 더웠기 때문에 안젤라는 다른 사람들을 위해 아들에게 선풍기를 꺼 달라고 요구하지 말라고 미리 말해 주었습니다. 그 대신 아들에게 선풍기가 편해질 때까지 잠시 다른 곳에 있다가, 나중에 천천히 일광욕실에 들어오라고 했습니다. 아들은 이제 천장 선풍기가 있는 상황에서 자기 생각과 감정을 조절하는 방법을 배웠습니다.

"아들이 배운 통제 능력은 제가 모든 식당, 가게, 집에서 선풍기를 꺼 달라고 요구했을 때보다 훨씬 더 성공적으로 아들이 세상에 통합될 수 있게 해 줄 거예요. 불편함은 우리를 성장하게 하고 변화하게 해요. 우리는 우리를 괴롭히지 않는 건 바꾸려고 하지 않아요. 우리 자신을 불안하게 하는 걸 바꾸려고 하지요. 부모는 아이들이 이런 시도를 해 볼 수 있게 가르쳐야 해요. 이건 신경전형인 아이의 부모나 자폐 스펙트럼 아이의 부모나 마찬가지예요. 다만 이걸 가르치기 위해 접근하는 방법이 다를 뿐이죠."

안젤라의 아들은 대형 마트에 가는 것에도 공포증을 보였습니다. 안젤라는 아들에게 대형 마트에 들어가는 법을 가르치기 위해, 약 2년에 걸쳐 다음과 같은 전략을 사용했습니다.

"맨 처음에, 아들은 귀마개를 한 채 담요를 덮어쓰고 쇼핑 카트 뒤쪽에 앉았어요. 다음에 우리는 귀마개를 벗겼고, 그다음에는 담요를 눈만 빼고 씌워 주위를 살펴볼 수 있게 해 주었어요. 다음에는 쇼핑 카트에 담요를 들고 타게 했고, 그다음에는 담요를 들고 쇼핑 카트 옆을 걷도록 했고요. 이제 저는 제가 충분히 장을 볼 동안 아들이 쇼핑 카트 옆에 머물러 있기를 간절히 바라고 있어요! 이런 과정이 수고스럽긴 하지만, 그래도 저는 아들이 이만큼 할 수 있다는 게 정말 자랑스러워요."

안젤라는 이 전략이 아이들에게 훗날 도움이 될 거라고 믿었습니다. 그래서 아이들이 가능한 한 이런 사회적 경험을 많이 쌓을 수 있도록 부드럽게 격려해 왔습니다. 이런 전략의 유무가 아이를 위한다는 부모의 생각이 실제로 건강한 성장을 이끄느냐, 반대로 퇴보를 초래하느냐에 중요한 가늠 선이 됩니다. 불편함이 있다는 사실은 전혀 문제가 되지 않습니다. 안젤라는 한결같은 사랑으로 아이들에게서 조금씩 조금씩 변화를 이끌어 내면서 성장을 지원하고 있습니다.

사회적 담화로 줄이는 사회적 불안 안젤라는 아이들이 환경적 공포증과 사회적 불안에 대처하도록 돕는 방법으로 '사회적 담화(social narratives)*' 방법을 사용했습니다. 온라인상에는 부모가 활용할 수 있는 많은 '사회적 이야기'들이 있습니다. 하지만 안젤라는 아이들이 실제로 겪을 상황에 대비한 맞춤형 이야기를 만드는 게 더 효과적이라는 것을 알게 됐습니다. 안젤라는 자신이 맞춤형으로 만든 '사회적 담화'가 아이들이 자폐의 어려움과 요구를 이해하지 못하거나 존중하지 않는 경찰관 등 공무원을 만나는 상황에서 특히 도움이 된다는 걸 알게 됐습니다. 안젤라는 심리적으로 압도되었을 때 말을 잘하지 못하는 아들의 모습을 경찰관이 적대적인 반항이라고 오해하면, 긴장과 대치로 이어질 수 있어서 걱정했습니다. 그래서 경찰관에 관한 여러 가지 사회적 담화를 만들어 냈습니다.

또 아이들이 어떤 상황에서 불안해질 때, 스스로 불안을 해소하기 위해

---

* 사회적인 이해력을 증진하기 위해서, 사회적 상황을 설명하는 글이나 그림을 지속해서 읽고 보면서 상황을 적절하게 이해하고, 올바른 사회적 행동을 인식하도록 하는 방법입니다. 특수교사 출신의 캐럴 그레이(Carol Gray)가 개발한 '사회성 이야기(혹은 사회 상황 이야기)' 전략을 좀 더 유연하게 적용하는 방식을 포함합니다. 사회적 담화는 자폐 스펙트럼 장애를 위한 증거기반실제(EBP)에 포함되어 있으며, 다양한 관련 도서가 국내에도 출판되어 있습니다.

할 수 있는 일에 대한 사회적 담화를 만들었습니다. 예를 들어, 안젤라는 아들이 학교에서 심리적으로 압도되었을 때 안전하고 조용한 장소로 스스로 가서 긴장을 풀 수 있게 가르치기 위해 사회적 담화를 만들었습니다.

모든 사람이 항상 모든 상황에 잘 적응할 수 있는 건 분명 아닙니다. 각자의 노력으로 어려움을 이겨 내고 적응하는 방법을 찾는 것입니다. 다른 모든 아이와 마찬가지로 자폐 스펙트럼 아이도 그래야 합니다. 안젤라는 이렇게 말합니다.

"아이가 자신의 한계를 넘지 못하면, 결코 성장하기 힘들 거예요."

꿈꿀수록 달라지는 미래

아이의 장래가 어떻게 될지는 아무도 모릅니다. 안젤라가 어린 시절에 만났던 사람들처럼, 지금도 자폐 스펙트럼 아이에게 기대치가 낮은 사람들이 꽤 있을 것입니다. 안젤라는 그동안 자폐를 이해하지 못하고 자신을 나쁘게 생각하는 사람들을 많이 만났습니다.

"그들은 제가 어리석고 느리다고 생각해요. 그들은 제가 혼자서는 살아갈 수 없다고 단정해요. 그들은 제가 공격적이거나 폭력적일 것이라고 추측해요. 그들은 제가 친구를 사귀거나 사회적 관계를 맺을 수 없다고 생각해요. 그들은 제가 아이들을 제대로 키울 수 없다고 생각해요. 또 제가 무성애자라고 생각해요. 그들은 제가 인간성에 결함이 있는 사람이기 때문에 저를 알아 가기 위해 시간을 들이거나 노력할 가치가 없다고 생각해요."

안젤라는 아들이 자폐 스펙트럼 장애 진단을 받았을 때, 이 세상 모두가 아들을 자신과 똑같이 생각하지 않을까 걱정했습니다.

"아들이 처음 진단을 받았을 때, 저는 두려웠어요. 마치 제가 낳은 아이가 사형 선고를 받은 것 같았어요."

당시 아들을 진단한 의사들은 안젤라에게 희망을 주지 않았습니다. 아들의 주치의는 언어치료를 포함한 많은 치료법도 큰 도움이 되지 않을 거라고 했습니다. 하지만 안젤라는 낙담하지 않았고, 스스로 희망, 생존, 변화에 관한 이야기를 찾아 읽고 연구했습니다. 안젤라는 의사들의 비관적인 예측에도 불구하고, 몇 가지 치료법을 써 보기로 결심했습니다. 안젤라는 아들에게 언어치료, 물리치료, 작업치료, 승마치료, 수중치료(aqua therapy), 음악치료를 받게 했습니다. 이 치료 방법들은 안젤라가 공부를 통해 유용함을 직접 확인한 것들이었습니다. 그 결과 안젤라의 아들은 상당한 성장을 이루었습니다. 그리고 계속해서 주류 사회를 헤쳐 나가는 방법을 배우고 있습니다.

자폐 스펙트럼 아이를 둔 부모들이 이미 만났거나 앞으로 만날 의사, 심리학자, 치료사, 교사, 친척, 친구 또는 이웃 중에는 아이의 발달이나 미래의 가능성에 대해 부정적인 가정을 하는 사람이 있을 것입니다. 그래도 부모는 아이에 대해 긍정적인 태도를 유지하며, 필요한 지원을 해 나가야 합니다. 이것은 참으로 중요합니다. 의학 전문가라고 해서 결코 100퍼센트 옳은 것은 아니기 때문이며, 아이에게는 모든 인간의 존엄성과 잠재력을 긍정적으로 보는 부모가 필요하기 때문입니다. 부정적인 분위기 속에서도, 자폐인들이 자신의 미래를 낙관적으로 생각할 수 있도록 하는 지원이 필요합니다.

안젤라의 남편은 안젤라가 미래를 낙관하고 개인적으로 그리고 직업적으로 성공하는 데 필요한 것을 아낌없이 지원했습니다. 자폐인은 자신이 누구이고 무엇이 필요한지 알아야 하고, 오랫동안 변함없이 자신을 지지해 줄 누군가가 필요합니다.

안젤라는 자폐 스펙트럼 아이들이 지금은 말을 하지 못하거나 일반 학급 수업에 참여하지 못하거나 학업적 성취를 이루지 못하더라도, 언젠가는 이런 일들을 해낼 가능성이 항상 있다고 생각합니다. 그리고 반대론자들이 틀렸다는 사실을 증명하는 많은 사례가 있다고 주장합니다. 안젤라의 아들도 그중 하나입니다. 의사는 끔찍한 미래를 예견했지만, 안젤라의 아들은 그렇게 되지 않았습니다.

> "제가 해 왔던 올바른 지원, 올바른 치료, 많은 사랑, 그리고 엄청난 인내심이 아들을 지금의 모습으로 만들어 주었어요. 아들의 미래는 저의 신경전형인인 맏아들처럼 밝아요."

긍정적 사고의 혜택

"긍정적으로 생각하라."라는 말을 그저 고리타분한 충고로 생각할 수도 있습니다. 하지만 긍정적 사고는 여러분이 생각하는 것보다 더 긍정적인 변화를 이끌 수 있습니다. 미국의 뉴스 전문 블로그 미디어 《허핑턴 포스트》는 미국 노스캐롤라이나대학교의 긍정심리학 연구자 바버라 프레더릭슨(Barbara Frederickson)이 실시한 긍정적 사고에 관한 연구를 소개하는 기사를 실었습니다.[48] 바버라 프레더릭슨은 두려움이나 분노와 같은 부정적 감정을 억누르고 긍정적인 경험을 할 때 뇌가 어떻게 활성화되는지 확인하는 연구를 수행했습니다. 그녀는 연구 참가자들을 다섯 집단으로 나누고, 집단별로 다른 이미지 클립을 보여 주었습니다. 1집단과 2집단은 각각 기쁨, 만족의 감정을 주는 긍정적인 이미지 클립을, 3집단은 특별한 감정을 일으키지 않는 중립적인 이미지 클립을, 4집단과 5집단은 각각 공포, 분노의 감정을 일으키는 부정적인 이미지 클립을 보여 주었습니다. 그 후 참가자들에게 이미지를 보았을 때와 비슷한 감정을 경험했을 때 무엇을 하고 싶은지 쓰게 했습니다. 그 결과, 부정적인 이미지를 본 4, 5집단은 가장 적은 응답을 적었고, 긍정적인 이미지를 본 1, 2집단은 중립적인 이미지를 본 3집단보다도 훨씬 더 많은 응답을 작성했습니다. 사람은 기쁨이나 만족감을 느낄 때, 인생에서 더 많은 가능성을 보게 됩니다. 바버라 프레더릭슨은 규칙적으로 긍정적 사고를 할 때 성공적인 삶을 영위하는 데 필요한 기술을 쌓는 데 노력을 기울일 수 있다고 믿습니다. 육체적인 운동이 사람의 전반적인 건강을 개선시켜 주는 것과 같습니다. 반면, 부정적인 생각은 반대되는 영향을 미칠 수 있습니다.[48]

부모는 아이가 성장에 긍정적인 태도를 가지도록 지도할 수 있습니다. 미국 스탠퍼드대학교의 심리학 교수 캐럴 드웩(Carol Dwek)은 자신의 책 《마인드셋》[49]에서 성장에 대해 갖는 마음가짐에 따라 성공과 실패가 갈린다고 했습니다. 캐럴 드웩에 따르면, 사람은 삶에 대해 '고착형 마음가짐'과 '성장형 마음가짐' 중 하나를 가지고 있고, 성장형 마음가짐을 가질 때 인생에서 성공할 수 있습니다. 이는 장애가 있는 아이에게도 적용되며, 부모가 이에 대해 알면 아이의 잠재력을 극대화하고, 아이를 자신감 있고 생산적인 사람으로 키우는 데 도움이 됩니다.

■ **고착형 마음가짐** 사람의 지능, 재능 또는 기술(자질)은 고정되어 있으며 바꿀 수 없다고 믿는 태도를 말합니다.[49] 고착형 마음가짐을 가진 사람들은 타고나는 특정한 재능이나 기술이 있다고 봅니다. 이 태도는 삶에 극도의 제한을 가져올 수 있습니다. 자신이 타고난 지능 덕분에 당연히 성공할 거라고 생각하거나 자신이 경쟁에서 성공할 수 있는 기술을 가지고 태어나지 않았기 때문에 삶의 많은 영역에서 실패할 거라고 생각하게 되기 때문입니다. 어떤 운동선수가 자신은 주전 선수들이 가진 재능을 타고나지 않아서 만년 후보 선수일 수밖에 없다고 얘기한다면, 그는 고

착형 마음가짐을 가진 사람일 겁니다. 또 타고난 리더, 타고난 작가, 타고난 연주가 등으로 어떤 사람을 높이 평가하며 부러워하는 사람들도 고착형 마음가짐을 가진 사람들입니다. 이렇게 우리 사회의 많은 사람들이 고착형 마음가짐을 갖고 있는데, 이런 태도는 사람이 가진 지능과 재능, 기술을 불변하는 것으로 여겨 성장의 가능성을 낮추는 경향이 있습니다.

■ **성장형 마음가짐** 사람의 지능, 재능, 또는 기술은 지속적으로 노력하면 더 많이 발전하고 성취할 수 있다고 믿는 태도를 말합니다.[49] 성장형 마음가짐을 가진 사람들은 사람마다 서로 다른 수준의 다양한 재능이나 기술이 있다는 사실을 이해합니다. 하지만 모든 재능이나 기술이 고정되어 있지 않고, 한계가 정해져 있다고 생각하지 않습니다. 또 지능과 재능은 더 많은 기술이나 능력을 배우기 위한 하나의 출발점일 뿐이라고 생각합니다. 이들은 노력으로 어느 정도의 성장이 가능하다고 믿기에, 지적 능력과 기술을 발전시키는 데 기꺼이 시간을 할애합니다.

생각해 보기

■ 아이가 어떤 일을 절대 하지 못할 거라고 말하거나 생각한 적이 있나요?
■ 아이를 공공장소에 데리고 나가는 데 방해되는 장애물은 무엇인가요?
■ 아이가 더욱 성공적으로 사회에 나가도록 어떻게 준비할 수 있을까요?

인터뷰를 마치며

어른이 된 자폐 스펙트럼 아이
열두 명의 이야기에서 발견한 삶의 주제들

열두 명의 자폐 스펙트럼 어른들과 한 인터뷰를 정리하는 과정에서 저는 이들이 공통적으로 생각하고 공감하는 주제들을 발견했습니다. 이 주제들을 정리하고, 주제별로 인터뷰이들이 했던 말들을 모았습니다.

괴롭힘 (왕따)

인터뷰한 자폐 스펙트럼 어른의 대부분은 어린 시절 또는 청년 시절에 괴롭힘을 당했습니다. 괴롭힘의 형태는 다양했습니다. 보통 이름을 계속 부르고, 무시하거나 따돌리고, 신체적으로 피해를 주는 형태였습니다. 인터뷰이들은 괴롭힘을 당한 경험이 성인이 된 후에도 영향을 미친다고 설명했습니다. 괴롭힘은 깊은 상처를 만듭니다. 인터뷰이들 중 많은 수가 학창 시절 또래들의 괴롭힘을 선생님이 눈감아 주거나, 심지어 괴롭힘에 가담하거나, 오히려 주도하는 일도 있었다고 말했습니다.

- "아마도 우리는 그들이 가장 좋아하는 표적일 거예요."
  "선생님들이 괴롭힘 사건을 보고도 못 본 척하면, 가해 학생들은 (…) 더 대담해질 거예요." _알리사 힐러리
- "저는 왕따였어요."
  "이런 따돌림은 제 인생에 늘 있었어요."
  "저는 어떠한 모임에도 초대받은 적이 없었어요." _벤 카트제
- "자폐 스펙트럼 아이는 (…) 상처를 많이 받아요. 저는 친구를 간절히 원했지만, (…) 함께 어울리는 게 매우 힘들었어요."
  "일부 선생님들은 정말 노골적으로 괴롭힘을 일삼았어요." _팀 페이지
- "저는 (…) 완전히 굴욕감을 느꼈어요. 제가 다른 아이들과 얼마나 다른지 (…) 잘 알고 있었기 때문이죠." _조디 반 드 웨터링
- "그 상처는 너무 깊어서 다 아무는 데 평생이 걸릴지도 몰라요. 저는 지금도 친구가 왜 저를 버렸는지 정말 모르겠어요." _리디아 웨이먼
- "나중에 기억을 떠올리다 깨닫게 될 거예요. (…) 무언가가 잘못됐다는 것을요." _쇼나 힌클

진단

진단을 받기 전 많은 자폐인들이 스스로에게 "내가 왜 이럴까?"라고 물어봅니다. 주위 사람들은 자폐 스펙트럼 장애가 행동에 영향을 미친다는 사실을 이해하지 못한 채, 자폐 스펙트럼 아이를 그저 태도가 나쁘다거나 단지 '나쁜 아이'라고 평가했습니다. 자폐인들은 오랫동안 일부러 잘못된 행위를 한다고 비난받아 오던 터라, 자폐 스펙트럼 장애 진단을 종종 기쁘게 받아들였고, 진단이 '해방감', '안심', '정체성 인증'을 주었다고 표현했습

니다. 많은 인터뷰이들이 진단을 더 빨리 받았어야 했다고 말했습니다. 그들은 자폐 스펙트럼 장애에 대해 좀 더 빨리 알았더라면 자신의 삶을 변화시킬 수 있는 지원을 조금이라도 더 받았을 거라고 생각합니다.

진단 전에

- "사람들은 그저 저를 '나쁜 아이'라고 몰아붙였어요."　　　　_팀 페이지
- "저는 오랫동안 제게 '잘못된' 것이 있다고 생각했어요."
　　　　　　　　　　　　　　　　　　　　　　　　_조디 반 드 웨터링
- "왜 내 뇌는 다른 사람들처럼 상호작용을 처리할 수 없을까요?"
　　　　　　　　　　　　　　　　　　　　　　　　　　　_캐시 그레이
- "나는 왜 이러지, 왜 나는 사람들이 보는 방식으로 볼 수 없는 거지?"
　　　　　　　　　　　　　　　　　　　　　　　　　_에이미 그라비노
- "그때까지도 저는 단지 제가 충분히 노력하지 않았다고 생각했어요."
  "모든 것이 태도의 문제로 지나치게 단순화되었어요."　_브라이언 킹
- "저는 '정상적'이라고 느낀 적이 없었어요."　　　　　_개빈 볼라드

진단에 대한 반응

- "올 것이 왔어요."　　　　　　　　　　　　　　　　_알리사 힐러리
- "자폐 스펙트럼 아이와 부모를 돕는 일의 시작은 진단이에요."
　　　　　　　　　　　　　　　　　　　　　　　　　　　_벤 카트제
- "와, 이거 정말 내 얘기 같아요."　　　　　　　　　　_팀 페이지
- "첫 번째로 든 감정은 믿을 수 없을 만큼 큰 안도감이었어요."
　　　　　　　　　　　　　　　　　　　　　　　　_조디 반 드 웨터링

- "음, 그게 많은 걸 깨닫게 해 줬어요. 내가 누구인지 설명할 수 없었던 잃어버린 한 조각이 바로 자폐였던 거예요." _캐시 그레이
- "저는 매우 큰 안도감을 느꼈어요. 진단은 꽤 타당했죠." _리디아 웨이먼
- "자폐 스펙트럼 장애 진단은 우리 가족에게 진정한 해방을 가져다주었어요." _브라이언 킹
- "저에게는 정말 해방감을 주는 일이었어요." _쇼나 힌클

진단에 대해 되돌아보기

- "저는 제 진단명을 공식적으로 밝히지 않아요. 왜냐하면 그것은 어떤 식으로든 저의 정통성을 무너뜨리는 데 사용될 수 있기 때문이에요." _리디아 브라운
- "자폐가 지금의 저를 만들었어요." _벤 카트제
- "저는 (…) '자폐'라는 이름이 있다는 걸 알았다면 상황이 달랐을지도 모른다는 생각을 하지 않을 수 없어요."
  "저는 진단을 받기 전 제가 겪은 어려움에 대해서 자폐 증상에 대한 인식이 부족했던 제 탓을 해요." _리디아 웨이먼
- "자폐가 곧 저 자체인 것은 아니지만, 저라는 사람의 일부예요. 자폐가 없으면 온전한 제가 될 수 없어요." _에이미 그라비노
- "제가 미리 (…) 알았더라면, 필요한 지원을 받을 수 있었을 거예요." _쇼나 힌클
- "그저 행동, 동기, 능력 등에서 다른 사람들과 조금 다르다는 걸 의미할 뿐이에요." _개빈 볼라드
- "제가 더 어렸을 때 진단을 받았더라면, 학창 시절 학업에서도 비슷한 성취를 거둘 수 있었을 거예요." _안젤라 앤드루스

교육과 치료

교육과 치료에서는 '관계'가 중요합니다. 인터뷰에 응한 대부분의 자폐인들이 효과적인 교육이나 치료는 이해받고, 받아들여지고, 존중받는다는 느낌에서 시작된다고 말했습니다. 여러 인터뷰이가 교육자나 치료사를 구할 때 자폐인에게 멘토나 멘토 역할을 해 줄 수 있는 사람으로 선택할 것을 추천했습니다.

규칙과 구조화된 일정도 중요합니다. 많은 인터뷰이들이 교육과 치료를 받을 때 명확한 규칙과 체계가 있는 것이 성공에 매우 중요했다고 답했습니다.

참여도 중요합니다. 자폐인은 중재를 위해 선택한 전략과 목표에 대해 함께 결정할 기회를 갖는 것을 중요하게 생각합니다. 이런 기회를 받지 못하면 중재는 효과가 덜하고 의미 있는 결과도 만들지 못한다고 이야기했습니다.

좋은 교사

- "선생님은 정말로 제가 가진 문제들을 각별하게 보아 주셨어요."
  _알리사 힐러리
- "어떤 선생님들은 저를 존중했고, 믿을 수 없을 정도로 친절하게 대해 주셨어요."   _팀 페이지
- "선생님은 저에게 뭔가 다른 점이 있음을 이해했어요. 그리고 저의 강점뿐 아니라 약점에도 부응해 주셨지요."   _조디 반 드 웨터링
- "선생님은 가는 곳마다 '빛'을 가져다주셨어요."   _리디아 웨이먼
- "선생님은 제가 매일매일 겪는 일을 이해하려고 최선을 다하셨어요."

"저는 저를 믿어 주셨던 선생님을 떠올려 봤어요."

"선생님은 제가 있는 곳에서, 저를 만나 주셨어요. 제가 혼자 고립됐다고 느꼈을 때, 아무도 저를 보지 못한다고 느꼈을 때, 선생님이 항상 저를 보고 계셨어요. 저는 선생님과 함께 있으면 항상 안전하다고 느꼈어요."
_브라이언 킹

- "중학교 3학년 때 선생님은 저에게 정말로 '괴짜'가 되라고 격려해 주셨어요."
_개빈 볼라드
- "선생님은 제 자신감을 키워 주셨어요."
_안젤라 앤드루스

도움이 되는 중재

- "모든 치료 중재에 대한 배경이나 이론을 이해할 필요가 있어요."
_리디아 브라운
- "우리가 가진 학습 능력으로 기술을 배우도록, 우리가 가진 특성을 활용해 일하도록, 우리가 효과적으로 의사소통할 방법을 찾도록 도와야 해요."
_알리사 힐러리
- "자폐인들이 원하고, 자폐인들이 사회에 적응하는 데 도움이 되는 치료를 제공해 주세요."
_벤 카트제
- "자기에게 주어진 역할이 무엇인지 이해할 수 있는 매뉴얼을 갖는 것이 큰 도움이 돼요."
"에밀리 포스트가 쓴 《에티켓》을 읽으세요."
_팀 페이지
- "치료는 당사자의 특정한 요구에 맞게 행해져야 해요."
"감각 민감성이 적절하게 통제될 때 사회성 기술 수행도 훨씬 더 쉬워져요."
_조디 반 드 웨터링
- "명시적으로, 명확하게 가르치는 게 좋은 거예요."

"고등학교에 '취직'하세요. 저는 거기서 좋은 소프트 스킬(soft skill)*을 많이 배웠어요." _캐시 그레이
- "멘토십은 아주 중요해요." _리디아 웨이먼
- "아이를 교육과정에 맞추지 말고, 교육과정을 아이에게 맞추세요." _쇼나 힌클
- "직업 경험은, 심지어 자원봉사 경험이더라도 없는 것보단 나아요." _개빈 볼라드

도움이 되지 않는 중재

- "우리는 모두 고등학생 또는 대학생이거나, 대학교에 입학하려고 하는데, 선생님은 마치 우리가 다섯 살인 것처럼 말했어요." _리디아 브라운
- "이미 일어난 상황을 분석해서 행동을 바꾸려고 인지행동치료를 하지만, 한번 상황이 벌어지면 소용없어요. 그런 상황이 오면 내 감정, 생각, 반응을 바꾸기엔 너무 늦은 거예요. 일이 이미 벌어진 거잖아요. 그리고 솔직히 치료 과정에서 배운 방법이 너무 복잡해서 어떤 상황이 벌어질 때 그걸 기억하고 실시간으로 적용하기가 어려워요."

_조디 반 드 웨터링
- "제 행동 지원 전문가는 사람이 너무 얄팍하고, 제가 봤을 때 전문가가 아니었어요. 그리고 제 자폐를 그저 치료가 필요한 결함으로만 보았어요." _리디아 웨이먼

---

* 특정 직업에 관한 직무 기술보다는 직업 생활에서 두루 활용하는 기술로, 대표적으로 사회성 기술을 들 수 있습니다. 작업 완수, 정확성, 신뢰성, 자조 기술, 출퇴근 기술 등 직업 재활 영역의 기술들이 포함될 수 있습니다.

- "눈 맞춤을 강요하는 사람은 세상을 자기 기준으로만 판단하는 사람들의 대표적인 예예요." _브라이언 킹

마스킹(Masking)

마스킹은 일부 자폐인들이 신경전형인 사회에 섞이기 위해 사용하는 전략입니다. 가면을 써서 얼굴을 가리듯 자폐 특성을 가리는 이 전략은 숨기기, 감추기, 위장하기, 가장하기, 연기하기 등의 단어로 설명되곤 합니다.

인터뷰이 열두 명 중 아홉 명이 마스킹 전략을 사용했거나 사용하고 있다고 했습니다. 일부는 마스킹 전략이 필요하다고 생각했고, 일부는 마스킹 전략을 사용하는 게 피곤하다고 했습니다. 자폐인은 직업을 갖거나 지역 사회에 참여하기 위해 가능한 한 신경전형인처럼 보여야 한다고 느끼는 경우가 많습니다.

- "숨기는 건 정말 짜증 나요. 제가 숨기려고 했던 몇 안 되는 행동 중 하나는 손을 펄럭이는 행동이었어요. 3학년 때 반 친구들이 저를 비속어를 섞어 '펄럭이'라고 부른 이후부터요." _알리사 힐러리
- "자신이 다른 사람인 것처럼 연기하려면, 가면을 써야 할 거예요. 그리고 그 끝은 별로 마음에 들지 않겠죠." _벤 카트제
- "저는 대중들 앞에서 연기하는 데 꽤 능숙해졌어요." _팀 페이지
- "취업을 위해서 가능한 한 신경전형인처럼 행동을 하려고 노력하고 있어요." _캐시 그레이
- "저는 또래 친구들을 지켜보고, 그들의 행동을 그대로 따라 했어요." _에이미 그라비노

- "만약 제가 섞이기 위해서 얼마나 노력하고 있는지 모른다면, 당신은 아마 제게 문제가 있다는 걸 모를 수도 있어요." _브라이언 킹
- "제가 아는 많은 자폐 스펙트럼 여자아이들이 또래와 어울리기 위해 노력해요." _쇼나 힌클
- "저는 사회성 기술 훈련 덕분에, 겉으로는 잘 흉내 낼 수 있었어요."
_안젤라 앤드루스

진단에 대한 부모의 반응

　인터뷰이 열두 명 모두가 자폐 스펙트럼 장애 진단 직후, 부모가 어떤 반응을 했는지 이야기해 준 것은 아닙니다. 그렇지만 부모의 반응을 알려 준 인터뷰이들의 이야기 속에서 흥미로운 사실을 발견했습니다. 어머니가 적극적으로 개입하고, 연구하고, 지원을 제공했다는 것입니다. 아버지의 반응을 이야기한 경우, 아버지가 자폐 진단을 비판하고 거리를 두었다고 했습니다. 이들의 이야기만으로 모든 부모가 그렇다고 결론을 내릴 수는 없지만, 중요한 시사점을 얻을 수 있습니다.
　미국의 경우 매일 많은 사람들이 자신에게 자폐가 있다는 사실을 새롭게 알아 가고 있습니다. 자폐 스펙트럼 장애 진단을 받는 사람의 수가 늘고 있다 해도 진단을 받는 것 자체는 당사자에게나 가족에게나 힘든 일일 수 있습니다. 어떤 사람은 진단을 부정할 수도 있습니다. 그러나 진단을 받아들이지 않는다고 해서 진단이 없어지는 것은 아닙니다. 자폐로 인한 어려움 역시 사라지지 않습니다. 그렇다면, 자폐 스펙트럼 장애 진단을 받은 사람의 부모 또는 가족은 어떻게 반응해야 할까요? 또 진단을 받는 가족 구성원을 어떻게 돕고 함께할 수 있을까요?

어머니의 반응

- "어머니는 '그래, 진단이 맞겠지. 그런데 말이야, 이게 정상이 아니었어? 우리 가족 모두가 그렇잖아.'라고 말했어요." _알리사 힐러리
- "어머니는 매우 긍정적이셨어요." _조디 반 드 웨터링
- "어머니는 매우 주저하면서 자폐가 맞느냐고 재차 물었어요. 어머니는 제 인생에 자폐라는 게 얼마나 큰 영향을 미치고 있는지 깨닫기 전까지 몇 달 동안 그저 조사만 하셨어요." _리디아 웨이먼
- "어머니가 먼저 나서셨어요. 어머니는 지원 그룹에 가입하셨죠. 그리고 관련된 모든 책을 찾아 읽으셨어요." _에이미 그라비노

아버지의 반응

- "아버지는 자폐를 인정하는 제가 약하다고 생각하셨어요." _알리사 힐러리
- "아버지는 자폐 스펙트럼 장애 진단을 무시하는 걸 선택했고, 지금도 계속 그러고 계세요." _리디아 웨이먼
- "아버지는…… 그 말을 듣고 자폐에 대해 알게 되자…… 말하는 걸 좀 꺼리셨어요." _에이미 그라비노

▙ 자폐 스펙트럼 어른 열두 명이 전하는 조언 1

자폐인으로
꿋꿋하게 세상을 살아가는
우리가 말해 주고 싶은
33가지 조언

부모를 위한 조언과 자폐 스펙트럼 아이, 청소년, 청년을 위한 조언입니다. 여기에 실린 조언들은 인터뷰이의 말을 직접 인용한 것이 아닙니다. 인터뷰이들이 공통적으로 조언했던 내용을 33가지로 정리하여 기술하였습니다.

부모님들에게

- 누구에게나 특별한 관심사는 취업 성공의 핵심 요소입니다. 아이의 특별한 관심사를 살려 일할 수 있는 직종이 있다면, 아이가 그 일을 할 수

있도록 무엇이든 지원하세요.
- 아이의 강점, 요구, 차이점을 파악하세요. 아이에게 혼자만의 시간이 필요한지, 기다리는 시간이 필요한지, 종이에 적은 할 일 목록이 필요한지, 아이가 요구하는 것이 무엇인지 정확하게 확인하세요.
- 시각 자료를 활용한 학습은 대부분의 자폐 스펙트럼 아이에게 효과가 있어요. 가능하면 글이나 그림으로 정보를 제시하세요.
- 치료는 당사자의 특정한 요구에 맞게 이뤄지도록 조정하세요.
- 아이에게 자폐가 있다는 사실을 알려 주세요. 자신이 받은 진단을 아는 것은 자존감과 자기 수용의 중요한 토대가 돼요.
- 자폐 스펙트럼 장애는 사람마다 다른 양상으로 나타나요. 아이가 자신이 가진 자폐가 어떻게 나타나는지, 자폐가 자신의 삶에 어떤 의미를 갖는지 이해하도록 도와주세요.
- 때와 상황에 맞게 '자폐'를 일상적인 대화의 주제로 포함시키세요. 아이에게 '잘못된 것'은 아무것도 없다는 것을 알려 주세요.
- 아이에게 자신의 요구를 옹호하도록 가르치세요. 자기 옹호를 개별화교육계획의 목표에 포함시키세요.
- 학교에서는 다른 학생들에 의한 괴롭힘이 흔하게 있어요. 아이의 개별화교육계획에 괴롭힘 문제를 다뤄서 아이가 보호받을 수 있도록 하세요.
- 학교의 모든 교직원, 혹은 아이와 관련 있는 교사들이 차별이나 괴롭힘이 아이에게 어떤 영향을 미치는지에 대한 교육을 받도록 요청하세요. 그리고 학교 측에 학생을 괴롭히는 교사에 대해서는 무관용 정책을 시행하도록 요구하세요.
- 지시를 내릴 때는 구체적으로 하세요. "방 청소를 해라."라는 말 자체로는 지시가 전달되지 않아요. 아이가 무엇을 해야 하는지 구체적으로

일을 나눠서 명확하게 알려 주세요. 예를 들면, 옷을 바구니에 넣기, 책을 책꽂이에 모두 꽂기 등으로 할 일을 구체화하고, 체크리스트를 만들어서 주는 것이 좋아요.

- 활동하기 전에 아이를 미리 준비시키고, 아이가 스스로 준비하도록 가르치세요.
- 집과 학교에서 지켜야 할 규칙을 가르치고 연습시키세요.
- 가능하다면 아이가 고등학교에 다닐 때 직업 체험을 하게 하세요. 고등학생 때 직업 체험을 하면, 성인이 되어 직업을 가질 가능성이 더 높아져요. 이는 대학에 진학하더라도 마찬가지예요.
- 아이와 함께하는 모든 사람에게 아이의 감각적 요구와 이를 해결하는 방법을 숙지시켜 주세요. 특히 선생님에게요. 선생님이 아이의 감각 문제를 알고 대처할 수 있으면, 수업을 진행하고 아이를 참여시키기가 수월해져요.
- 아이가 옳은 행동을 했을 때 칭찬해 주세요.
- 아이에게 대화 기술을 가르치세요. 대화 기술은 취업, 독립 생활, 인간관계 형성을 하는 데 큰 도움이 돼요.
- 집과 학교에서 안전한 환경은 필수예요. 자폐 스펙트럼 아이는 복도, 급식실, 교실 등에서 안전하다고 느껴야 해요.
- 아이에게 단순히 신경전형인으로 보이도록 상동행동을 하지 못하게 해서는 안 돼요. 아이가 할 수 있는 범위 안에서 상황에 맞춰 자신의 행동을 조절하도록 장려하세요.
- 아이가 살아가면서 멘토를 찾고 관계를 유지할 수 있게 도와주세요.
- 인생을 성공으로 이끄는 기술을 가르치세요. 이러한 기술 중 상당수는 엄밀히 말해 학문적인 것은 아니에요. 예를 들면, 예산 세우고 따르기, 연체되지 않게 공과금 제때 납부하기, 문제 해결 방법 배우기, 집 수리

를 해야 할 때 임대인과 상의하거나 기술자를 부르는 등 다른 사람과 구어 또는 비구어로 적절하게 의사소통하기 등처럼요.

자폐 스펙트럼 아이, 청소년, 청년에게

- 조용한 공간과 고독, 혼자만의 시간 등 자신에게 필요한 것을 인식하고 이를 충족할 수 있는 직업을 선택하세요.
- 자폐 스펙트럼 장애를 스스로 이해해야 해요. 자폐가 가져다주는 선물과 자폐로 인한 어려움을 이해하세요.
- 자신의 특별한 관심사를 따르세요. 오랫동안 일하고 싶다면 개인적으로 좋아하는 분야를 선택하는 것이 좋아요.
- 다른 사람들과 교류하는 방법을 배우는 것이 중요해요. 자신의 요구와 강점에 초점을 둔 사회성 기술 수업이 도움이 될 수 있어요.
- 문제나 고민이 있을 때, 기다리기만 하는 것은 최선의 해결책이 아닌 경우가 많아요.
- 《데일 카네기의 인간관계론》이나 에티켓을 다룬 인기 있는 자기계발서를 읽어 보세요. 자폐인뿐만 아니라 많은 사람들이 이런 책을 읽고 도움을 받아요.
- 질문하고 본받을 수 있는 멘토를 찾아보세요. 멘토와의 관계는 매우 개방적이고 솔직해야 해요.
- 자기 자신을 옹호하세요.
- 모르는 것이 있으면 친구나 신뢰할 수 있는 어른에게 물어보세요.
- 자신과 같은 기술을 가진 다른 사람들과 협력하세요.
- 우리는 고장 난 사람이 아니라 훌륭한 사람이에요. 물론, 몇 가지 기술

을 배워야 하고 몇 가지 일을 다르게 해야 할 수도 있어요. 하지만 이건 다른 사람들 모두 다 거의 그래요.
- 때로는 모두가 어우러지기도 하지만, 우리는 우리 자신 그대로의 존재라는 사실을 기억하세요.

■▃ 자폐 스펙트럼 어른 열두 명이 전하는 조언 2

독립적인 인간으로 살아가기 위해 반드시 배워야 할 기술, 자기 옹호

대부분의 부모는 자폐 옹호에 관심이 있습니다. 왜냐하면, 아이가 성공적으로 세상을 항해할 수 있도록 돕고, 아이가 삶의 질을 최대화하는 데 필요한 지원을 해 주고 싶기 때문입니다. 이러한 목적을 달성하기 위해, 부모는 어떻게 해야 아이를 가장 잘 옹호할 수 있는지, 아이에게 어떻게 자기주장을 하도록 가르칠 수 있는지 알아야 합니다.

자폐 스펙트럼 아이에게 부모와 가족은 최고의 옹호자입니다. 부모는 아이를 위해 옹호하고, 개별화교육계획 등을 세워 교육하고, 감각 문제가 최소화되도록 해 주고, 인내심과 배려심을 가진 친구를 사귀게 도와주는 일에 차츰 능숙해질 수 있습니다. 하지만 부모가 언제까지나 아이를 도울 수는 없습니다. 아이가 스스로 자기 옹호를 할 줄 알아야 다양한 영역에서 독립성을 획득하고 자신감을 높일 수 있습니다. 아이의 자폐를 옹호하기 위한 부모의 지식과 기술은, 결국 자폐 당사자인 아이에게 전수되어야 하는 것입니다.

부모가 아이에게 자기 옹호 교육을 하면 얻을 수 있는 장점이 많습니다. 그중 가장 중요한 장점을 정리하면 다음과 같습니다.

- 학습하고, 일하고, 생산적으로 생활하는 데 필요한 자신감과 성취감을 키울 수 있습니다.[50]
- 특정한 요구 사항을 전달하고 특별한 재능을 활용하는 방법을 배우면서 다양한 영역에서 독립성을 달성하는 데 도움이 됩니다.[50]
- 평화와 수용을 촉진하여 사회가 장애를 포용하고 자폐 스펙트럼 장애 또는 기타 장애를 가진 모든 사람들의 삶을 개선할 수 있습니다.

인터뷰 참여자 열두 명은 모두 자기 자신의 옹호자이자 자신을 이해하고 도와주는 사람들의 옹호자입니다. 이들은 자신감, 독립성, 행복을 얻는 데 필요한 옹호 기술을 배웠고, 자신과 같은 자폐인과 자폐인에게 도움을 주는 자폐 옹호자들에게 조언을 해 주고 싶어 합니다. 여기서는 인터뷰이들이 얘기했던 자기 옹호에 대한 의견과 전문 지식을 바탕으로 자기 옹호 기술을 가르치는 방법을 탐구하고자 합니다.

아이를 위한 자기 옹호 교육, 이렇게 시작하세요

다음은 아이들에게 자기를 옹호하는 방법을 가르치기 위한 몇 가지 지침입니다.

자폐 스펙트럼 장애에 대해서 가르치기 자폐로 인해 어떠한 영향을 받는지 정확하게 이해하기 위해서는 아이가 스스로 자폐 스펙트럼 장애가 무엇인지 아는 게 중요합니다. 자폐는 복잡한 신경학적 상태이지만, 아이들도 기본적인 진단 기준 중 일부를 배울 수 있습니다. 또 자폐인의 삶을 다룬 자폐인 자기 옹호자의 글을 읽어 보도록 권장할 수 있습니다. 자폐는 당사자에게 각기 다른 방식으로 영향을 미칩니다. 하지만 적어도 자신이 어떤 영향을 받고, 자폐가 일상생활에서 어떻게 나타나는지 이해한다면 도움이 될 수 있습니다.[50]

자신의 강점과 약점을 명확하게 표현하는 법 가르치기 자신의 강점과 약점을 솔직하게 평가하는 건 자폐인과 신경전형인 모두에게 어렵습니다. 아이에게 자신의 강점과 약점을 파악해 보라고 한 뒤, 추가 사례를 제시하면서 매일 또는 먼 훗날의 삶에 이러한 강점과 약점이 어떤 영향을 미치는지 설명해 줄 수 있습니다. 부모는 아이에게 모든 사람이 강점과 약점을 가지고 있으며, 당사자가 이에 대해 자기 인식을 더 많이 할수록 성장의 기회를 더 많이 얻는다고 강조할 수 있습니다.[50]

자신의 필요를 요청해야 할 때를 연습시키기 아이가 자기 옹호를 하도록 가르치는 건 중요합니다. 하지만 자신의 필요를 모두 요청할 수 있는 때와 장소를 가릴 줄 알아야 합니다. 또 때로는 개인적인 필요를 공개적으로 지나치게 많이 요청해서는 안 된다는 점도 알려 줘야 합니다. 부모는 특정한 요구를 하기에 적절한 상황이나 조금 기다려야 할 상황, 그리고 스스로 해결할 수 있는 상황의 예를 제시해 아이를 연습시킬 수 있습니다.

자폐를 공개하는 방법 연습시키기 아이가 자신의 특별한 요구를 알려도 되는 안전한 사람들에 대해서 가르칠 수 있습니다. 예를 들면, 아이와 함께하는 교사, 장애 옹호자, 고용주 등입니다. 부모는 아이가 자신의 감각 민감성에 따른 특정하고 중요한 요구를 이들에게 스스로 설명할 수 있도록 도울 수 있습니다. 또한 아이가 새로운 선생님에게 자신의 교육적 요구 사항을 밝히는 글을 쓰는 걸 도울 수도 있습니다.

스스로 적절한 자원을 찾고 활용하도록 가르치기 자기 옹호를 하는 데 가장 중요한 기술은 자신의 요구를 충족시켜 줄 자원을 지속적으로 찾는 방법을 아는 것입니다. 이 기술은 당사자의 요구를 들어줄 적절한 사람이나 단체, 기관을 찾는 것을 의미합니다. 부모는 지역과 국가 차원의 장애 정책과 자원을 다루는 옹호 및 지원 단체들을 아이에게 알려 줄 수 있습니다.

아이가 자신의 요구를 옹호하는 방법을 배우는 것은 아이가 독립적으로 만족하는 삶을 살도록 하기 위해서 필수적입니다. 자폐인으로서 긍정적이고 의미 있게 사는 방법을 가르치고 시범을 보여 주는 과정은 부모와 당사자가 통제할 수 없는 부분을 수용하고, 아이가 자폐라는 정체성을 인식하며 당당하게 살아가는 데 도움이 될 것입니다.

독립 생활의 첫걸음을 떼는
자폐 스펙트럼 대학생을 위한 자기 옹호

자폐 스펙트럼 아이가 성인이 되어 독립적인 삶을 살기 위해서는 은행 계좌를 관리하고, 옷을 세탁하고, 자기 공간을 관리하는 것과 같은 자조 기술을 갖춰야 합니다. 아이는 청소년기를 지나면 자조 기술뿐만 아니라 부모의 직접적인 보호나 도움 없이 스스로 상황을 헤쳐 나가는 방법도 배우기 시작해야 합니다. 만약 대학에 진학한다면, 아이는 스스로 자신의 감정을 관리하고, 건강한 일상을 유지하며, 학업적 기대에 부응하며 대학에 적응하고, 직업 기술을 배우고, 독립 생활을 준비해야 합니다. 그러나 이는 말처럼 쉬운 일이 아닙니다. 미국의 심리학 매거진 《사이콜로지 투데이(Psychology Today)》에 '아스퍼거의 일기(Asperger's Diary)'를 연재하는 린 소라야(Lynne Soraya)는 미국의 어린이 정신건강 단체인 '어린이마음연구소(Child Mind Institute)'와의 인터뷰에서 대학에 적응하기 위해 고군분투했던 자신의 경험을 이야기했습니다.[51] 린 소라야는 "안전하게 길을 건널 수 있도록 감각 입력을 효과적으로 관리하는 방법과 같은 자조 기술은 '고기능'으로 간주되는 사람들도 배워야 하는 기술이에요."라고 설명했습니다.

린 소라야는 대학생 때 차에 치이는 사고를 당한 적이 있었습니다. 그날 사고가 있기 전 린 소라야는 말싸움을 했고 감정적으로 힘든 상태였습니다. 이로 인해 린 소라야는 터널시야(tunnel vision)*가 됐고, 주위에 소음과 인파까지 겹치자 차가 다가오는 걸 전혀 알아차리지 못했습니다. 린 소라야의 이야기는 자폐인들이 매일 직면할 수 있는 신체적 안전 위험을 보여 줍니다. 부모는 자폐 스펙트럼 아이가 대학에 가서 마주치게 될 사회적, 정서적, 학업적 상황에 어떻게 대처해야 하는지를 배우도록 도울 수 있습니다.

자폐인자기옹호네트워크(ASAN)는 전자책으로 《대학에서의 방향 찾기(Navigating College)》**를 내면서 대학으로 전환하는 자폐인에게 적절한 지원이 필요하다고 밝혔습니다. 이 책에 글을 기고한 대학교 재학생이나 졸업

---

* 마치 긴 터널 속에 있듯 앞이 보이는 현상으로, 시야가 매우 좁아진 상태를 말합니다.
** 이 전자책은 자폐인자기옹호네트워크의 홈페이지에 공개되어 있습니다.
https://autisticadvocacy.org/book/navigating-college

생들은 자신들의 대학 생활 경험을 토대로 자폐 스펙트럼 학생들이 대학 생활을 시작하기 전에 새로운 삶의 다양한 요구에 대비할 수 있는 여러 가지 방법을 안내합니다. 자폐인자기옹호네트워크가 《대학에서의 방향 찾기》를 통해 권고하는 자기 옹호 기술은 다음과 같습니다.

공식적으로 이용 가능한 지원 찾기 장애 학생들을 위해 편의 시설을 마련하고 지원하는 것은 법률로 정해져 있습니다. 하지만 이 법률이 대학생에게는 어떻게 적용되는지 명확하지 않습니다. 많은 대학이 특수교육 지원을 우선순위로 하고, 자폐 스펙트럼 학생들의 성취를 돕기 위해 설계한 프로그램을 제공하고 있습니다.[52] 예를 들어, 펜실베이니아 에리에 있는 머시허스트대학교는 자폐 스펙트럼 학생들을 위한 특별한 지원 프로그램이 있습니다. 이 프로그램은 대학원에 재학 중인 멘토가 자폐 스펙트럼 학생에게 식사 모임, 아스퍼거 증후군 지원 그룹, 캠퍼스 안팎의 행사에 대한 특별한 사전 안내를 받을 수 있도록 도와줍니다. 럿거스대학교와 같은 학교에서는 대학 생활에 무리가 없는 자폐 스펙트럼 학생들을 여전히 선호합니다. 그럼에도 자폐 스펙트럼 학생들을 위해 다양한 개별 지원 서비스를 제공하고 있습니다.[53] 입학하기로 결정한 대학이 어디든 자폐 스펙트럼 학생을 지원하는 프로그램이 있다면, 당사자가 어느 부서나 담당자에게 연락해야 하는지 정보를 파악해야 합니다.[53]

1인실 기숙사 요청하기 기숙사 방을 혼자 쓰는 것은 자폐 스펙트럼 학생이 다른 사람과 공간을 공유하기 위한 대화와 협상을 피할 수 있게 해 줍니다. 리디아 브라운(01 인터뷰)은 이 문제에 대해, '기숙사 방을 다른 사람과 함께 쓰는 일은 대부분의 사회성 기술 훈련에서 다뤄지지 않은 사회적 상황'이라고 지적했습니다.[54] 리디아 브라운은 이러한 상황이 다른 사람과의 관계가 우호적이고 신뢰할 만한지, 반대로 잠재적으로 해롭거나 불리한지를 결정하는 일보다 더 복잡하다고 말했습니다. 그러면서 대학에 진학하는 자폐 스펙트럼 학생들에게 "여러분은 많은 부분에서 룸메이트와 상호작용해야 합니다. 특히 룸메이트가 신경전형인인 경우, 여러분은 심리적으로 압도되고, 힘들고, 매우 어려울 수 있습니다."(p.60)라고 충고했습니다. 자폐 스펙트럼 학생에게 1인실은 격리된 공간이 아닙니다. 오히려 집에서처럼 사생활과 편안함을 누리고, 당사자가 스스로 선택한 사회적 경험을 성공적으로 할 수 있는 자신감과 에너지를 충전할 공간이 되어야 합니다.

사회적 경계를 존중하도록 가르치기 대학에 가면 아이는 어른의 감독이 없는 새로운 사회로 진입하게 됩니다. 부모는 아이에게 타인의 경계를 존중하는 방법, 자신의 경계를 보호하는 방법 등 적절한 사회적 행동을 반복해서 알려 주어 항상 기억하도록 해 주어야 합니다. 또 성추행을 구별하고, 안전한 사회적 행동을 확립하는 방법에 대해 가르치기 바랍니다.[55]

자기주장을 하도록 연습시키기 부모는 아이의 대학 생활을 돕기 위해 많은 일을 할 수 있습니다. 하지만 모든 일을 통제할 수는 없습니다. 부모는 아이가 자신의 특별한 요구를 주장하고, 어려움을 조용히 혼자 감내하지 않도록 가르칠 수 있습니다. 진단서가 있으면, 자폐 스펙트럼 학생이 대학교에서 특정한 지원을 받는 데 도움이 될 뿐만 아니라, 매일 직면할 수 있는 어려운 문제를 해결하는 데도 도움이 될 수 있습니다. 그런데 진단서의 유효 기간이 지났고, 새로 진단서를 발급받을 상황이 안 될 수도 있습니다. 이때를 대비해 아이를 준비시켜야 합니다. 예를 들어, 아이가 또래나 교수님에게 자신의 장애와 특별한 교육적 요구에 대해 말할 수 있도록 연습시키는 것입니다.[56]

일상생활을 계획적으로 할 수 있도록 돕기 아이가 시각적 달력을 만들어서 규칙적이고 계획적인 생활을 해 나가도록 도와줍니다. 대학생이 되어도 알람에 맞추어 일어나는 일이 어려운 경우가 있습니다. 이때는 아이에게 매일 밤 여러 개의 알람을 맞추라고 말해 줍니다. 또한, 아이가 공강 시간 동안 할 공부 계획을 짜고, 타이머를 사용하면 공부 주제를 전환해야 할 때 편리하다고 말해 줄 수 있습니다. 자신의 주의 집중을 바꾸는 데 도움이 되도록 일정 시간 후에 공부 장소를 바꾸는 학생도 있습니다. 이런 아이에게는 감각 과부하를 일으키지 않는 공부 장소를 찾도록 권장할 수 있습니다. 학기가 시작되기 전에는 부모가 아이의 생활을 일부 도울 수 있습니다. 문제가 될 만한 일들을 파악해서 미리 해결 방법을 알려 줄 수도 있습니다. 하지만 아이가 실제로 혼자서 생활을 시작하기 전까지 모든 문제를 아는 건 불가능할 겁니다. 다만 부모는 《대학에서의 방향 찾기》에 〈독립적인 캠퍼스 생활(Independent Campus Living)〉이란 에세이를 쓴 알렉산더 에벨레스(Alexander Eveleth)가 말한 것과 같이 아이에게 건강하고 계획적인 생활을 하도록 격려해 줄 수 있습니다.[57] 알렉산더 에벨레스는 자폐 스펙트럼 학생들에게 말합니다. "일상생활을 위해 꼭 필요한 일들을 매일 하는 것은 학업을 계속하는 데 도움이 된다는 걸 기억하기 바랍니다. 수면, 식사, 샤워 시간을 놓치면, 도서관에서 효과적으로 공부할 수 없을 겁니다."(p.63)

교수와 좋은 관계를 맺도록 권장하기 고등학교를 졸업한 학생들은 대부분 교사와 좋은 관계를 맺는 것이 학업 성취에 큰 도움이 된다는 사실을 잘 알고 있습니다. 대학에서도 마찬가지입니다. 학생들은 강의 시간에 다루는 내용에 관한 질문, 장기 과제 준비에 필요한 추가적인 도움, 교육과정과 관련된 화제를 공유하기 위해 강사나 교수에게 다가갈 수 있습니다. 특별한 교육적 요구가 있는 학생이라면, 자신의 장애와 관련된 학업적 어려움에 대해서 반드시 교수와 소통할 필요가 있습니다. 이러한 소통은 교수가 더 많은 학생들에게 도움이 되도록 강의 방법을 바꾸는 중요한 계기가 됩니다.[56]

동아리 가입과 과외 활동 참여를 권장하기 대학에는 고등학교보다 더 많은 과외 활동과 동아리가 있을 겁니다. 이것들은 자폐 스펙트럼 학생이 관심 있는 분야에서 자신의 사회적 역할을 찾을 기회를 줍니다. 그러나 일찌감치 너무 많은 활동에 참여하면, 심리적으로 압도될 수 있습니다. 하나 정도의 활동은 재미있게 놀며, 휴식을 취하며, 편안하게 새로운 사람들을 만나는 창구가 될 수 있습니다.[56]

자신의 권리를 알려 주기 대학은 장애 학생에 대해 개별화교육계획을 세우는 것이 의무화되어 있지 않습니다. 그러나 장애인에 대한 특수교육법이나 차별금지법을 통해 대학생도 장애에 따른 차별을 받지 않도록 제도적으로 보호하고 있습니다. 대학이나 대학교는 교육 시스템을 더욱 평등하게 만들기 위해 장애 학생들을 위한 합리적인 교육적 조정이나 편의를 제공해야 합니다. 학교 당국이 이와 관련한 조치를 내리면, 교수가 자폐 스펙트럼 학생의 요구에 맞게 강의 방법을 바꾸는 데 도움이 될 겁니다. 대부분의 학교에는 장애 지원 부서나 담당자가 있습니다. 이들은 교육적 조정과 관련된 문서의 초안을 작성하는 일을 합니다.[55] 짐 싱클레어는 《대학에서의 방향 찾기》에 쓴 서문(Introduction)에서 자폐 스펙트럼 학생이 대학에서 학업적 성공을 거둘 수 있도록 도와줄 다양한 추가적인 법적 장치를 제시하고 있습니다.(p.7~28)

옮긴이의 말

'다양성'의 가치,
장애를 불가능이 아닌 가능으로
보게 하는 힘이 됩니다

'신경다양성'은 자폐 스펙트럼 장애를 포함해서 다양한 정신과적 장애나 증상을 다양성의 관점에서 한 인간의 고유한 특성으로 보는 개념입니다. 하지만 신경다양성 입장의 일부 주장은 특수교육을 공부하고 현장에서 일하는 저에게는 솔직히 다소 받아들이기 어려운 부분들도 있었습니다. 하지만 이 책의 저자인 제나 겐식은 어느 한 생각이나 가치만을 기반으로 책을 쓰지 않았습니다. 제나 겐식은 자폐인들이 보이는 특성을 다양성의 관점에서 존중해야 한다고 합니다. 하지만 그 특성이 자신이나 타인에게 부정적인 영향을 미친다면 적절한 교육적, 치료적 개입 역시 필요하다고 합니다.

또한, 현재까지 이루어진 자폐 스펙트럼 장애와 관련된 연구와 이를 통해 축적된 지식을 존중하고 수용하는 자세를 취했습니다. 그러면서도 일부 치료 방법론이나 교육 현장의 관행에 대해서 비판하고 적절하고 수용

가능한 개선 방안을 제시합니다. 그래서 저는 이 책의 진정한 가치가 '다양성'에 있다고 생각합니다.

제나 겐식은 자폐 자녀를 둔 한 사람이지만, 이 책은 열두 명의 자폐인을 인터뷰한 내용을 정리한 것이기 때문에, 사실상 열세 명의 다양한 생각을 가진 자폐인의 이야기라고 봐도 될 것입니다. 이 책은 실제 자폐인의 자신에 대한 진솔한 이야기와 자폐 당사자, 그들의 부모와 교사, 치료사 등의 전문가, 더 나아가 이 사회의 모든 사람에게 전하고 싶은 조언과 당부를 담고 있습니다. 제나는 이를 뒷받침하는 풍부한 연구 성과까지 담아 책의 깊이를 더했습니다. 외국 책이다 보니 우리나라 사정에 맞지 않거나 다소 생소한 경험담이 포함되어 있습니다. 우리나라에서도 자폐인들의 풍부한 인터뷰를 담은 책이 출판되었으면 합니다. 이 책이 그 마중물 역할을 할 수 있으리라 봅니다.

지금까지 나름대로 특수교육 관련 논문을 꽤 번역했지만, 어렵고 고민이 많이 되는 부분이 많았습니다. 최선을 다했으나 부족한 점이 있으리라 생각됩니다. 너그러이 이해해 주시면 진심으로 감사하겠습니다.

이 책에서 하고픈 말처럼, 우리 사회가 지금보다 더 '다양성'을 존중하고, '장애'에서 '불가능'이 아닌 '가능성'을 먼저 볼 수 있게 되기를 진심으로 바랍니다. 그리고 과거에서 지금까지, 그리고 미래로 계속, 우리 사회가 발전적인 패러다임으로 나아가는 중이라고 진심으로 믿습니다.

감사합니다.

변관석

주요 용어와 개념

신경다양성(neurodiversity)

뇌의 신경학적 차이로 인해 발생하는 다름을 다양성으로 바라보는 개념이다. 신경학적인 차이를 받아들이고 모든 사람을 존엄성과 존중심을 가지고 대해야 한다는 의미를 담고 있다. 자폐적 특성을 다양한 삶의 한 방식이라고 보며, 자폐인 권리 운동의 근거로 사용되고 있다. 이 책에서 신경다양성 개념은 자폐를 질병이나 질환이 아닌 신경학적 변이 또는 '새로운 방식의 인간'으로 보는 자폐 옹호 개념으로 바라본다.

신경전형인(neurotypical)

신경다양성의 관점에서 비장애인을 의미한다. 자폐인 커뮤니티에서 주로 자폐인이 아닌 사람을 지칭하는 용어이다. 자폐가 아닌 다른 비전형적인 신경(난독증, 주의력 결핍 과잉 행동 장애, 양극성 장애 등)을 가진 사람에게 적용할 수도 있다. 이 책에서는 자폐 스펙트럼에 있지 않은 비자폐인을 부르는 말로 사용한다.

사람 우선 언어(person-first language)

장애보다는 사람을 우선하여 강조하기 위해서 사용하는 언어 표현적 관점이다. 예를 들면 '자폐를 가진 사람' 또는 '장애를 가진 사람' 등이 있다. 사람 우선 언어를 선호하는 사람들은 자폐보다 먼저 그들의 인간성이나 인격을 강조하고 싶어 한다. 사람 우선 언어를 선호하는 자폐인들은 자폐가 자신을 정의하지 않는다고 말한다. 자폐를 가지고 살아가지만, 자신을 설명할 때 자폐가 맨 먼저 언급되어서는 안 된다는 것이다. 영국의 자폐인이자 자기 옹호자인 폴 아이작스(Paul Isaacs)는 한 인터뷰에서 다음과 같이 말했다.

"제 정체성에 관해서 저는 저 자신을 인류의 한 일부로 보고 있습니다. 그래서 저는 사람 우선 언어를 선호합니다. 개인적으로 제가 가진 자폐는 저의 시각 및 청각적 인식, 언어 처리 과정, 인지 처리 과정, 학습에서의 어려움 등에 영향을 줍니다. 하지만 이것들이 제 존재의 전부는 결코 아닙니다."

정체성 우선 언어(identity-first language)

장애를 자신의 정체성 중 특별한 일부로 바라보는 언어 표현적 관점이다. 예를 들면 '자폐인' 또는 '장애인' 등이다. 정체성 우선 언어를 선호하는 사람들은 자폐와 인격을 분리하는 것은 자폐가 자기 정체성의 일부가 아님을 암시한다고 생각한다. 이 책의 첫 번째 인터뷰 참여자인 리디아 브라운은 정체성 우선 언어를 선호하고 자폐인이라고 불리는 것을 부끄러워하지 않는 자기 옹호자이다. 하지만 모든 자폐인에게 정체성 우선 언어가 적절하다고 가정해서는 안 되며, 당사자의 선호도를 바탕으로 결정하고, 이를 존중하는 태도가 중요하다고 말한다. 이 책에서는 자폐인에 대해서 주로 정체성 우선 언어를 사용했다. 인터뷰에 참여한 자폐인들이 주로 이 언어의 사용을 선호했기 때문이다. 사람 우선 언어를 사용하는 자폐인 역시 존중하려고 노력했다.

에이블리즘(ableism, 비장애중심주의)

장애가 있는 사람에 대한 차별을 말한다. 또한, 신체적·정서적·발달적·심리적 장애가 있는 사람들은 사회적·도덕적으로 열등하다는 판단에 기초한다. 리디아 브라운은 에이블리즘이 자폐를 감추거나 치료하도록 강요하고, 수준 낮은 치료로 이어질 수 있다고 주장한다. 또 자폐 옹호자들이 나름대로 좋은 의도를 갖고 있더라도 잠재의식 속에 에이블리즘이 자리 잡고 있다면, 때때로 그들의 접근법이 자폐 당사자에게 모욕감을 줄 수도 있다. 사실 좁은 의미의 장애인 차별보다는 비장애인 시각에서 장애인을 바라보는 시선을 의미하는 경우가 더 많다.

장애에 대한 의료적 모델 vs 사회적 모델

장애에 대한 의료적 모델은 한 사람의 장애가 개인 내부에 존재하는 문제임을 시사한다. 반대로 사회적 모델은 장애가 한 사람이 처한 환경이 그 사람에게 적합하지 않을 때 발생한다는 점을 암시한다. 예를 들어, 의학적 모델은 자폐인이 형광등이 있는 거실에서 집중하지 못한다면, 장애 때문에 그렇다고 가정한다. 하지만 사회적 모델은 조명이 문제이고 이 조명을 다른 적합한 것으로 바꾼다면, 장애는 사라질 수 있다고 주장한다.

참고 문헌

1. Grandin, T., & Panek, R. (2014). The autistic brain: Helping different kinds of minds succeed. New York, NY: Houghton Mifflin Harcourt.
   * 번역서:《나의 뇌는 특별하다: 템플 그랜딘의 자폐성 뇌 이야기》(양철북, 2015)

2. Silberman, S. (2015). Neurotribes: The legacy of autism and the future of neurodiversity. New York, NY: Penguin Random House.
   * 번역서:《뉴로트라이브: 자폐증의 잃어버린 역사와 신경다양성의 미래》(알마, 2015)

3. Brown, L. (2014, December 4). One of the most awesome people that ever happened to me [Web log post]. Retrieved June 15, 2018 from http://www.autistichoya.com/2014/12/kitay-davidson.html.

4. Williams, K., & Roberts, J. (2015). Understanding autism: The essential guide for parents. Wollombi, Australia: Exisle Publishing Ltd.

5. Sinclair, J. (1992). Bridging the gaps: an inside-out view of autism (or, do you know what I don't know?). In E. Schopler & G. B. Mesibov (Eds.), High functioning individuals with autism (pp. 294-301). New York, NY: Springer Science+Business Media.

6. Schopler, E., & Mesibov, G. B. (Eds.). (2013). Learning and cognition in autism. New York, NY: Springer Science & Business Media.

7. Prizant, B. M., & Fields-Meyer, T. (2015). Uniquely human: A different way of seeing autism. New York, NY: Simon & Schuster.
   * 번역서:《독특해도 괜찮아: 자폐스펙트럼장애 최고 권위자가 알려주는 보호자 행동 지침서》(예문아카이브, 2023)

8. Sinclair, J. (1993). Don't mourn for us. Our Voice, 1(3). Retrieved July 1, 2018 from http:// www.autreat.com/dont_mourn.html.

9. Winter, P. (2012). Loud hands & loud voices. In J. Bascom (Ed.), Loud hands: Autistic people speaking (pp. 115-128). Washington, DC: Autistic Self Advocacy Network.

10. Bollard, G. (2012). What is "stimming" and why is it important? [Web log post] Retrieved January 17, 2017 from http://special-ism.com/what-is-stimming-and-why-is-it-important/.
    * 확인 가능한 링크: https://sites.google.com/site/gavinbollard/about-aspergers/life-with-aspergers/stimming/what-is-stimming

11 Terra, C. (2012, May 26). The hidden autistics. Aspie Strategy. Retrieved July 1, 2018 from http://www.aspiestrategy.com/2012/05/hidden-autistics-aspergers-in-adults.\html.

12 Wang, K. (2012, April, 4). Autistic home decorating: Make your home autism friendly [Web log post]. Retrieved June 1, 2017 from http://www.friendshipcircle.org/blog/2012/04/10/autistic-home-decorating-make-your-h me-autism-friendly/.

13 Page, T. (2007, August 20). Parallel play: A lifetime of restless isolation explained. The New Yorker. Retrieved August 1, 2018 from https://www.newyorker.com/magazine/2007/08/20/parallel-play.

14 Page, T. (2009). Parallel play: Growing up with undiagnosed Asperger's. New York, NY: Anchor Books.

15 Post, P., Post, A., Post, L., & Post Senning, D. (2011). Emily Post's etiquette (18thed.). New York, NY: William Morrow.

16 Morin, A. (2014). Understanding executive functioning issues. Understood. Retrieved from https://www.understood.org/en/learning-attention-issues/child-learning- disabilities/executive-functioning-issues/understanding-executive-functioning- issues.

17 Wilkins, S., & Burmeister, C. (2015). FLIPP the switch: Strengthen executive skills. Shawnee Mission, KS: AAPC Publishing.

18 Fierberg, R. (2016). Meditation as a potential treatment for autism spectrum disorder [Web log post]. Retrieved March 2, 2018 from http://www.parents.com/blogs/ parents-perspective/2013/11/22/the-parents-perspective/meditation-as-a-potential-treatment-for-autism-spectrum-disorder/.

19 Orenstein, B. (2014, March 5). This no-cost, drug-free therapy helps children with autism. Everyday Health. Retrieved March 2, 2018 from http://www.everydayhealth.com/news/this-no-cost-drug-free-therapy-helps-children-with-autism/.

20 Sequeira, S., & Ahmed, M. (2012, June 4). Meditation as a potential therapy for autism: A review. Autism Research and Treatment. doi:10.1155/2012/835847.
   * 확인 가능한 링크: https://onlinelibrary.wiley.com/doi/10.1155/2012/835847

21 Patino, E. (2014, April 7). Understanding dyspraxia. Retrieved March 2, 2018 from https://www.understood.org/en/learning-attention-issues/child-learning- disabilities/dyspraxia/understanding-dyspraxia.

22 Minute movements of autistic children and their parents provide clue to severity of disorder. (2014, December 1). Retrieved March 2, 2018 from http://news.medicine.

iu.edu/releases/2014/12/movements.shtml.
* 확인 가능한 링크: https://medicine.iu.edu/news/2014/12/movements-1

23 Cognitive behavioral therapy and autism. (2015, November 23). Retrieved January 15, 2018 from http://researchautism.net/interventions/15/cognitive-behavioural-therapy-(cbt)-and-autism.

24 Stewart, R. (n.d.). Should we insist on eye contact with people who have autism spectrum disorders? Retrieved from http://www.iidc.indiana.edu/pages/Should-We- Insist-on-Eye-Contact-with-People-who-have-Autism-Spectrum-Disorders.

25 McEachin, J. J., Smith, T., & Lovaas, O. I. (1993). Long-term outcome for children with autism who received early intensive behavioral treatment. American Journal on Mental Retardation, 97(4), 359-372.

26 McPhilemy, C., & Dillenburger, K. (2013). Parents' experiences of applied behavior analysis (ABA)-based interventions for children diagnosed with autistic spectrum disorder. British Journal of Special Education, 40(40), 154-161.

27 Kalmeyer, D. (2010). An introduction to applied behavior analysis. Retrieved from http://www.ctfeat.org/articles/Kalmeyer.htm

28 Autism Speaks. (n.d). FAQs: State autism insurance reform laws. (Retrieved March 2, 2018 from https://www.autismspeaks.org/advocacy/insurance/faqs-state-autism-insurance-reform-laws.

29 Potterfield, J. (2013). Natural environment teaching. Retrieved March 2, 2018 from https://sites.google.com/site/thebcbas/aba-toolbox/natural-environment-teaching.

30 Winslet, K., & Ericsdottir, M. (2012). The golden hat: Talking back to autism. New York, NY: Simon & Schuster.

31 Haupt, A. (2014, April 9). How to be a friend to someone with autism. U.S. News and World Report. Retrieved March 2, 2018 from http://health.usnews.com/health-news/health-wellness/articles/2014/04/09/how-to-be-a-friend-to-someone-with-autism

32 Neurodivergent K. (2016). You, yes you, need autistic friends. Retrieved August 1, 2018 from https://30daysofautism.blog/2016/06/21/you-yes-you-need-autistic-friends/.

33 Bascom, J. (Ed.). (2012). Loud hands: Autistic people speaking. Washington, DC: Autistic Self Advocacy Network.

34 Centers for Disease Control and Prevention (2018). Autism spectrum disorder: Data and statistics. Retrieved August 1, 2018 from https://www.cdc.gov/ncbddd/autism/data.html.

35 Sarris, M. (2013, July 23). Autism in the teen years: What to expect, how to help. Interactive Autism Network Simons Simplex Community. Retrieved March 2, 2018 from http://www.iancommunity.org/cs/simons_simplex_community/autism_in_teens.

36 Wong, C., Odom, S. L., Hume, K. A., Cox, A. W., Fettig, A., Kucharczyk, S., ... & Schultz, T. R. (2015). Evidence-based practices for children, youth, and young adults with autism spectrum disorder: A comprehensive review. Journal of Autism and Developmental Disorders, 45(7), 1951-1966.
 * 확인 가능한 링크: https://www.researchgate.net/publication/266080964_Evidence-Based_Practices_for_Children_Youth_and_Young_Adults_with_Autism_Spectrum_Disorder_A_Comprehensive_Review

37 Peete, H. R. (2013, April 2). Autism, meet adolescence ... Kaboom! One momma's perspective, fears and solutions [Web log post]. The Huffington Post Parents Blog. Retrieved March 2, 2018 from http://www.huffingtonpost.com/holly-robinson-peete/autism-awareness-day_b_2991931.html.

38 King, B. (2011). Strategies for building successful relationships with people on the autism spectrum: Let's relate. London, England: Jessica Kingsley Publishers.

39 What is communication? (2015). Retrieved June 1, 2108 from https://www.natcom.org/ discipline/.
 * 확인 가능한 링크: https://www.natcom.org/about-nca/what-communication/

40 International Society for Augmentative and Alternative Communication. (2015). Communication methods. (2015). Retrieved July 1, 2018 from https://www.isaac- online.org/english/what-is-aac/what-is-communication/communication-methods/.

41 Alleyne, R. (2008, September 17). Autism is caused by a 'supercharged' mind, scientists claim. The Telegraph. Retrieved July 18, 2017 from http://www.telegraph.co.uk/news/health/2976839/Autism-is-caused-by-a-supercharged-mind-scientists-claim.html.

42 Kim, C. (Jan 17, 2013). The empathy conundrum [Web log post]. Retrieved March 2, 2018 from http://musingsofanaspie.com/2013/01/17/the-empathy-conundrum/.

43 Baron-Cohen, S., Leslie, A. M.. & Frith, U. (1985). Does the autistic child have a "theory of mind?" Cognition, 21, 37-46.
 * 확인 가능한 링크: https://docs.autismresearchcentre.com/papers/1985_BC_etal_ASChildTheoryOfMind.pdf

44 Carter, L. K. (2013). Autism and empathy [Web log post]. The Huffington Post Blog. Retrieved from https://www.huffpost.com/entry/autism-and-empathy_b_3281691

45 Mitchell, W., & Roux, A. (2015). Life course outcomes research, A.J. Drexel Autism Institute, Philadelphia; May 13-16, 2015, International Meeting for Autism Research, Salt Lake City, Utah.

46 Jacobs, E. (2013, June 6). A father who saw untapped forces in his son's autism. Financial Times. Retrieved March 2, 2018 from http://www.ft.com/intl/cms/s/0/ ba2d5706-ccf5-11e2-9efe-00144feab7de.html – axzz3OYciMMgv.

47 McGraw, M. (2014, January 30). Setting up autistic employees to succeed. Human Resource Executive Online. Retrieved March 2, 2018 from http://www.hreonline.com/HRE/view/story.jhtml?id=534356658.

48 Clear, J. (2013, July 10). The science of positive thinking. Huffington Post Health Living Blog [Web log post]. Retrieved July 18, 2018 from http://www.huffingtonpost.com/james-clear/positive-thinking_b_3512202.html

49 Dwek, C. (2006). Mindset: The new psychology of success. New York, NY: Ballantine Books.
　＊ 번역서: 《마인드셋》(스몰빅라이프, 2023)

50 Shore, S. (2006). The Secrets of Self-Advocacy: How to Make Sure You Take Care of You. Autism Advocate, 44 (4). Retrieved February 11, 2019 from https://phxautism.org/ wp-content/uploads/secrets-of-self-advocacy.pdf.

51 Arky, B. (2014). Going to College With Autism ; Aging out of supports, kids on the spectrum struggle. from https://childmind.org/article/going-to-college-with-autism/

52 Carlotti, P. (2014, Jul 31). More Colleges Expanding Programs For Students On Autism Spectrum. from https://www.forbes.com/sites/paigecarlotti/2014/07/31/more-colleges-expanding-programs-for-students-on-autism-spectrum/

53 Kapp, S. (2013). Higher education transitions. In Autistic Self Advocacy Network. (Ed.), Navigating college: A handbook on self-advocacy written for autistic (pp. 30-35). Washington, D.C.: The Autistic Press.

54 Brown, L. (2013). Autism and dorm life. In Autistic Self Advocacy Network. (Ed.), Navigating college: A handbook on self-advocacy written for autistic (pp. 59-62). Washington, D.C.: The Autistic Press.

55 Sinclair, J. (2013). Introduction. In Autistic Self Advocacy Network. (Ed.), Navigating college: A handbook on self-advocacy written for autistic (pp. 7-28). Washington, D.C.: The Autistic Press.

56 Davis, S. A. (2013). Safety. In Autistic Self Advocacy Network. (Ed.), Navigating college:

A handbook on self-advocacy written for autistic (pp. 89-90). Washington, D.C.: The Autistic Press.

57 Eveleth, A. (2013). Independent Campus Living. In Autistic Self Advocacy Network. (Ed.), Navigating college: A handbook on self-advocacy written for autistic (p. 63). Washington, D.C.: The Autistic Press.

자폐 스펙트럼 아이에게 정말로 필요한 것: 자폐 스펙트럼 어른 12명의 조언

초판 1쇄 2025년 6월 18일 **글** 제나 겐식 **옮김** 변관석 **표지 그림** 우나리
펴낸이 황인옥 **편집** 김익선 **디자인** 이아진 **마케팅** 임수진 **영업** 정원식
펴낸곳 나무말미 **출판등록** 제2020-000134호 **주소** 서울시 강서구 마곡중앙로 161-8 두산더랜드파크 A동 1003호
전화 0507-1429-7702 **팩스** 0504-027-7702 **인스타그램** @namumalmi_publisher
블로그 https://blog.naver.com/namumalmi_books **이메일** namumalmi_books@naver.com
ISBN 979-11-91827-56-9(03370)

What Your Child on the Spectrum Really Needs: Advice from 12 Autistic Adults
By Jenna Gensic
Original copyright © 2020 by AAPC Publishing, Inc., USA
Korean translation copyright © 2025 by NAMUMALMI Publisher
Korean translation rights arranged with AAPC Publishing, Inc., USA

이 책의 한국어판 저작권은 AAPC Publishing, Inc., USA와 독점 계약한 나무말미에 있습니다.
저작권법에 의하여 한국 내에서 보호를 받는 저작물이므로 무단전재와 무단복제를 금합니다.

나무말미는 장마철 잠깐 해가 나서 땔나무를 말릴 수 있는 시간을 뜻하는 우리말입니다.